该项目为陕西省教育厅人文社科项目（项目号：19JK0160）成果之一

教育研究方法与论文写作

祝传鹏　编著

中华工商联合出版社

图书在版编目（CIP）数据

教育研究方法与论文写作／祝传鹏编著．—北京：
中华工商联合出版社，2023.2
ISBN 978-7-5158-3604-1

Ⅰ.①教… Ⅱ.①祝… Ⅲ.①教育科学—研究方法②
教育研究—论文—写作 Ⅳ.①G40-03

中国国家版本馆 CIP 数据核字（2023）第 027296 号

教育研究方法与论文写作

作　　者：祝传鹏	
出 品 人：刘　刚	
责任编辑：于建廷　王　欢	
封面设计：十　一	
责任审读：傅德华	
责任印制：迈致红	
出版发行：中华工商联合出版社有限责任公司	
印　　刷：北京虎彩文化传播有限公司	
版　　次：2023 年 10 月第 1 版	
印　　次：2023 年 10 月第 1 次印刷	
开　　本：710mm×1000 mm　1/16	
字　　数：220 千字	
印　　张：13	
书　　号：ISBN 978-7-5158-3604-1	
定　　价：68.00 元	

服务热线：010-58301130-0（前台）
销售热线：010-58301132（发行部）
　　　　　　010-58302977（网络部）
　　　　　　010-58302837（馆配部）
　　　　　　010-58302813（团购部）
地址邮编：北京市西城区西环广场 A 座
　　　　　　19-20 层，100044
http://www.chgslcbs.cn
投稿热线：010-58302907（总编室）
投稿邮箱：1621239583@qq.com

工商联版图书
版权所有　侵权必究

凡本社图书出现印装质量问题，
请与印务部联系。
联系电话：010-58302915

前　言
PREFACE

　　教育研究是一项重要而复杂的工作，它要求研究者具备扎实的理论基础、熟练的研究技巧和清晰的论文写作能力。

　　教育研究方法课程是所有教育学类专业在本硕博不同层次都要开设的学科基础课程。它提供了一种科学的方法和技巧，用于设计、实施和评估教育研究。通过教育研究方法课程，帮助学生掌握教育研究的基本原理和概念，了解不同的研究设计和方法，学习如何收集和分析研究数据，以及如何解释和报告研究结果。通过论文写作可以培养学生的逻辑表达能力、批判思维和问题解决能力。这些知识和技能对于从事教育研究的学者和专业人士来说至关重要。这些能力对于解决教育实践中的问题和改进教育教学策略具有重要意义。

　　本书旨在为教育类本专科和教育硕士类学生提供一个全面、基础且实用的指南。本书分五大部分十个章节。第一部分是关于教育科学研究的概述，其中包括教育科学研究基本内容、信度、效度、难度和区分度的讲解；第二部分是资料收集与教育研究设计的讲述，阐述了选题的意义与原则，选题的来源与策略等；第三部分是具体的教育研究方法，其中包含了教育观察研究法、教育调查研究法、教育实验研究法及教育行动研究法等具体的教育研究方法；第四部分是资料整理分析，包括定量与定性研究资料的整理分析；第五部分是成果表达，包括学位论文结构内容和引注规范等。本教材理论实践并重，既重视理论阐释的逻辑性，又重视理论的实践应用性，通过常见的研究工具和软件SPSS来提供案例分析和练习，以帮助学生将理论知识应用到实际问题中。在论文写作部分，着重阐述了论文写作的技巧和策略，包括文献综述、论文结构、引用规范等，以期帮助学生掌握研究方法和论文写作的基本理论和技能。

最后，感谢所有参与本教材编写和出版的人员，他们的辛勤工作和专业知识使得这本教材得以完成。在本书的撰写过程中，参阅引用了很多国内外同行的优秀教材和著作，得到了各位同行的鼎力相助，学前专业的同学为本书的校对工作提供了很大的帮助，在此一并表示衷心的感谢。由于作者水平有限，书中不足之处在所难免，恳请同行专家以及广大读者批评指正。

祝传鹏
2022 年 5 月于 望江郡

目　录

第一部分　何为研究：教育研究的基本概念

第二部分　研究计划：问题意识与研究设计

第三部分 研究工具：具体的研究方法

第四部分 资料分析：定性与定量

第五部分　成果表述：格式与规范

第一部分　何为研究：教育研究的基本概念

第一章　教育研究概述

第一节　教育研究的含义、类型和原则

一、教育研究的含义

按照《现代汉语词典》的解释，研，即钻研；究，即仔细推求；研究，即探求事物的真相、性质、规律等。由此分析，研究是指人们在一定理论的指导下，采用一定的方法，遵循一定的规范，以探究事物的性质和规律的活动。

科学研究是运用科学方法，有目的、有计划并且系统地认识客观世界，探索客观真理的过程。在科学研究中，搜集有关研究对象的事实材料数据，通过对事实材料的剖析，揭露事物的本质，发现事物运动变化规律，建立说明事物的理论。

研究是指人们探求事物真相、性质或规律，以便发现新的事物、获得新信息的活动。科学研究是指人们在科学信念的支配下，采用一定的方法，遵循一定的规范，探究事物的性质和规律，以便发现新事物、获得新知识的活动。它是人类获取科学知识的主要途径，在人类社会活动中占有重要的地位。

（一）科学认识活动

教育科学研究作为一种科学认识活动，不同于日常生活或教育工作中的一般认识活动。随着教学经验的积累，我们会逐渐在日常教育教学工作中形成对教育教学的认识和看法，但这种认识和看法是一种个体经验或自发性经验，带有较大的片面性和不深刻性。一般来说，这种基于个体经验的认识可能是正确的，也可能是错误的。例如，一位小学教师在自己的教学实践中形

成了这样一种认识：在小学高年级学生中，女生比男生聪明。该教师是基于自己所带班级学生的期末考试女生的成绩常常高于男生的成绩而得出这一结论的。从科学研究的角度来看，这位教师的认识至少存在以下几个问题：

1. 该教师以自己所带班级学生作为样本，对于小学高年级学生总体的代表性问题是值得怀疑的；

2. 聪明问题是一个智力问题，该教师判断学生的智力使用的工具或标准是学业测验，这种工具或标准的效度是有问题的；

3. 对于女生和男生成绩存在差异的问题，该教师仅仅靠个体经验进行判断，没有进行统计学上的差异显著性检验，因而该教师的认识在很大程度上可能是错误的。

作为一种自觉的科学认识活动，教育科学研究则需要我们认真地提出研究问题，并以系统的、教育科学研究通常采用的方法寻找问题的答案所在。这种认识过程必须遵循一定的认识逻辑，其认识结果的表述也必须严密，符合逻辑。教育科学研究作为一种科学认识活动，比日常教学工作中的经验性认识更全面、更深刻，因而也更符合问题解决的实际。仍然以前面提到的"小学教师"为例，假如要回答女生和男生谁更聪明的问题，首先，需要对研究的问题进行澄清，对有关核心概念进行界定，如有关"智力"的概念；其次，要明确研究的对象，并采用科学的抽样方法进行抽样：此后，还要选取效度和信度较高的智力量表对样本进行实测，并用统计学方法对女生和男生的智商分数进行差异显著性检验。这样得出的结论要比依据个人经验形成的认识更可靠、更正确，认识的真理度更高。当然，需要说明的是，上述例子中研究活动的展开主要采用的是量化研究的思路，对于该问题的解决，我们还可以采用其他可能的研究思路，如"质化研究"。但不管如何，"提出假设——检验假设——得出结论"的基本思路还是需要遵循的。

（二）发现与创作

教育科学研究的主要任务是探索教育现象，揭示教育规律，形成教育理论。这种揭示教育规律，形成教育理论就是一种认识、一种发现。从整个教育体系来看，对教育的本质、教育的基本规律及德育规律、智育规律、教学规律、班级管理规律等研究都是一种发现和认识活动。但教育科学研究活动的开展并不止于此。还要进行创造性活动。需要说明的是，这种创造并不是创造规律、创造理论，而是为了提高教育质量、教学效率创造新途径、新方法和新技术，在最大程度上帮助教育者完成"教书育人"的工作。教育科学研究不但要为人们认识教育、理解教育提供系统的理论知识。还要为人们控制教育、改造教育提供多种多样的程序性、操作性知识。例如，与我们教学活动有着直接关联的教学论研究中，研究者不仅要回答教学的本质和规律问题，还要探讨有效教学问题，尝试提出某种新的教学模式、教学方法，并采用科学的方法和程序进行验证和检验。

以上对教育科学研究的界定进行了概括地总结，有助于我们对教育科学研究形成一个初步的认识，但科学研究活动是人类有史以来认识活动的一次极大提升，论说和叙述都难以表达其精妙所在，我们只有踏踏实实地尝试进行一项或多项科研活动，才能对其有较为深刻的认识，捕捉人类高级思维的价值。

二、教育科学研究的类型

（一）操作性、描述性和解释性研究

教育科学研究本身是一项较为复杂的探索性活动，但就某项具体的研究活动而言，其在回答教育问题、形成教育认识方面，会表现出不同的抽象水平和层次。例如，某些调查研究只是告诉我们某种事实，并不试图解释这种事实背后的原因。由此，根据研究的抽象水平和层次不同，可以把教育科学研究分为操作性研究、描述性研究和解释性研究。

1. 操作性研究

操作性研究并不产生对教育现象和问题的新认识，一般对教育理论的发展完善没有直接的贡献。操作性研究可以创造新的教育科学事实，它以为实践提供活动程序、方法、措施等操作性知识为主要特征。例如，在实施素质教育的过程中，我们会探讨某种素质教育的途径；在促进教学效果和提高教学效率的研究中，我们会对某种教学模式和教学方法进行探讨。操作性研究常常回答的是"怎么办"一类的问题，这类研究虽不产生新的理论，但却常常以已有的理论为前提，来演绎、建构解决教育实际问题的操作性知识。

（1）操作性定义

操作性定义详细说明活动或详细说明测量所必需的"运作"。一个操作

性定义是在测量一个变量或操纵一个变量中研究者活动的详细说明，也是研究者开展研究活动的一种指南。实际上，它说的是"用这样那样的方式，这样那样做"。简言之，它通过指出研究者要测量一个变量必须做些什么。例如：智力是在某个智力量表上测得的分数。这个定义告诉我们测量智力要做什么。

（2）操作性定义有两种：一种是测量的操作性定义，另一种是实验的操作性定义。

①测量的操作性定义（measured operational definition）是根据如何测量和观察研究变量而下的一种定义。例如："学习成绩"可界定为"某种标准化成绩测验所测得的分数"，"低成绩生"可界定为"成绩测验的分数低于根据个人智力所预测的成绩分数一个标准误差的学生"，"创造力"可界定为"在某种创造思考力测验上所得到的分数"①。

②实验的操作性定义（experimental operational definition）是根据如何操作研究变量而下的一种定义。它描述所界定的变量如何产生，告诉研究者操作研究变量的详细过程或活动。例如"强化作用"界定为"在某类行为出现时加以称赞或对之微笑"；"协同教学"（team-teaching）界定为"采用两个或两个以上的教师设计教学计划，并实际从事同一班学生的教学的一种教学活动"。

（3）操作性定义有如下基本特征：

①用具体的事件、现象或方法来界定名词；

②用能够直接感知的东西来界定名词，多采用经验方法；

③着重界定名词的外延或操作过程。

（4）操作性定义的基本方法是：

①作出该词的概念性定义；

②分析变量的内涵，找出概念的主要特征；

③将变量的主要特征具体化为若干可操纵的要点，或用可观察、可测量的词语加以表达，这些要点应覆盖和反映变量的基本内涵；

④将各要点按一定的逻辑顺序和语法规则进行文字修整，从而形成操作性定义。

---

① 杨国枢等. 社会及行为科学研究法［M］. 台北：东华书局，1984.

美国布里奇曼（P. W. Bridgman）于 1923 年提出操作分析方法（即操作性定义），曾于 1971 年被美国《科学》杂志列为世界五大哲学成就之一。布氏的"操作"一词有两种含义：一是指实验操作，或称"仪器操作""工具操作"；二是指精神（智力）操作，主要指科学家在科学研究过程中的思维活动。精神操作又可细分为两类：一类是"纸和笔的操作"，指数学运算和逻辑运算；一类是"言语操作"，这种操作适用于非自然科学领域，如教育领域等。因为在教育研究中，许多教育概念需要作出操作性定义，可以归结为言语操作。布氏的操作分析法的特点是：

①它反映了认知和认识手段的内在联系；

②它追求的是概念的意义与实践之间的关系；

③布氏的操作理论是我们在教育研究中给变量做操作性定义的重要理论基础。

操作性定义是研究变量或有关概念与实际观察或活动之间的桥梁。它使一些抽象的研究概念和假设变得可以实际加以观察和测量。它有利于设计问卷题目和调查提纲，有利于量化分析。但是，它很难涵盖概念所属的多数特征，很难表达概念的完整意义。所以在界定重要概念或变量时，比较理想的方式是先采用概念性定义界定，然后再采用操作性定义界定，这样可使读者易于把握操作性定义的方向和意义。

为了直观地弄清概念性定义和操作性定义的关系，现以国外学者提供的资料（图 1-1、图 1-2）说明。

单线（图 1-1）表示两个构念（construct）理论上的连接或关系。带有下标的字母是构念，构念被概念性地界定。双线表示操作性定义。所有构念 c 直接与可观察的资料连接。这些构念是不可避免地与实证性的现实连接在一起的。但必须注意，不是所有构念都被操作性地界定。

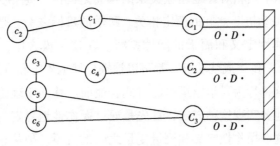

图 1-1　观察资料实证的现实

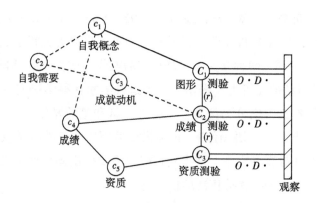

图1-2　理论构念与观察水平的关系

研究者没有直接测量"自我概念"（图1-2），但假定从"图形测验"中可以得到个人"自我概念"的结果。当得到图形测验的某些反应时，这时，操作性地界定"自我概念"。这也许是测量心理上和教育上构念的最普通的方法。C_1 和 C_1 之间的单实线表示"自我概念"和"图形测验"之间的假定关系的相对直接的性质（C_1 和观察水平之间的双线表示一个操作性定义）。类似地，成绩（c_4）被操作性地定义为测验成绩（C_2）和资质（c_5）被操作性地定义为资质测验（c_3）。在这个模式中，研究者没有直接测量成就动机，成就动机没有操作性定义。实际上，在另一个研究中，研究者可以特别地假设成绩与成就动机的关系，在这个关系中，他尝试操作性地界定成就动机。

例如，构念之间——成绩（c_4）和成绩测验（C_2）之间的单实线，表示假定的成绩和标准成就测验的成绩之间建立起相对好的关系。$C1$ 和 C_2 以及 C_2 和 C_3 之间的单实线，表示这三种测验分数之间获得相关（C_1 和 C_2 之间线上，以及 C_2 和 C_3 之间线上，用 r 来表示相关）。

单虚线表示不是相对好地建立关系的构念之间的假定相关。如，"自我概念"和"成绩动机"之间的假定相关。科学的目标之一。是要用这些虚线和实线来为操作性定义和测量的间隙搭桥。在这个模式中，很容易理解的是，"自我概念"和"成就动机"都可以被操作性地界定和直接测量。

实质上，这是行为科学家运作的方式，他前后移动于理论构念水平和观察水平之间。他要实现这种方式，首先是通过操作性地界定他的理论上的变量，然后估计这一操作性定义和测量变量之间的关系。他从这些估计的关系中，就构念之间的关系而作出推论。

2. 描述性研究

描述性研究是对教育现象的比较感性的认识，可以发现新的教育事实。描述性研究常常回答的是"是什么""怎么样"一类的问题。例如，对中学生各科学习成绩进行相关研究发现，中学生的数学成绩与物理成绩存在较高的正相关；关于某部属师范院校在校学生的调查发现，免费师范生农村生源的比例远高于非师范生。描述性研究可以发现事物间的关系，为人们提供关于教育的新认识，可以丰富教育科学理论。但由于描述性研究没有为我们提供教育现象之所以发生、存在的深层原因，其所获得的教育认识比较浅层，不能使人们充分解释或理解各种教育现象。

3. 解释性研究

解释性研究是在描述性研究基础上所进行的更高层次的研究，以探明教育现象发生的原因为主旨。与描述性研究相比，解释性研究主要回答"为什么"的问题，其所提供的理论可以使我们更好地认识和理解教育问题。例如，"学习迁移理论"可以较好地解释"中学生的数学成绩与物理成绩存在较高的正相关"的原因；"师范生免费教育政策"对农村生源的吸引则可以较好地解释"免费师范生农村生源的比例远高于非师范生"的现象。

操作性研究、描述性研究和解释性研究的划分只是一种相对的划分，它们既可以相对独立，也可以在一项较大的研究活动中统一起来。操行性研究、描述性研究和解释性研究具有相互依赖、相辅相成的关系，操作性研究、描述性研究有赖于解释性研究来提高，而解释性研究必须以操作性研究和描述性研究为基础或前提。需要指出的是，虽然可以从"抽象水平和层次不同"对某些研究进行分类，但并不意味着抽象水平和层次低的研究就是"差"的研究，抽象水平和层次高的研究就是"好"的研究，研究的好坏需从是否解决和回答问题，是否遵循科学研究思路去评判。

(二) 基础研究和应用研究

1. 基础研究

基础研究（也可称理论研究）是以揭示教育现象的本质和规律，形成新的科学认识，以发展、丰富或修正、完善教育理论为主旨的教育科学探究活动。基础研究的研究成果表现为一定的理论形态，对教育实践中的现实问题一般不提供现成的解决方案和操作性程序性知识，但可以加深人们对教育现象、教育问题的理解和认识，并为制定解决实际问题的方案和方法提供理论依据或理论指导。例如，对教育本质和教育规律的研究，对教学规律和学习理论的研究都属于基础研究。基础研究的成果会间接地影响人们的教育实践。例如，教学过程是一种特殊的认识活动；教学过程是一种特殊的交往活动；教学是主体间的指导性学习等。这些对教学本质的不同的理论认识，会广泛而间接地影响人们的教学行为。

2. 应用研究

应用研究是以改善教育实践活动，提高教育质量和效率而寻求教育对策、制定教育方案、创新教育方式和方法等为主旨的教育科学研究活动。应用研究着眼于教育实践中的现实问题，应用性研究的成果表现为一系列的解决教育实际问题的方案、途径、措施、工作模式和教育、教学方法等操作性知识以及开发教育教学的课件、教材、学习辅助材料等。应用性研究主要是一种技术性研究，它主要解决教育教学的"工程技术"和"工具材料"等问题。例如，"克服学生厌学对策研究"主要就是应用研究。

基础性研究和应用性研究的划分也是相对的，教育科学研究中的应用研究和基础研究也不如自然科学研究中那样界限分明。教育科学研究中的应用研究和基础研究只是研究的侧重点不同。在一个较大的研究项目中，基础研究和应用研究往往是统一在一起的，可以称之为综合性研究。此外，基础研究与应用研究具有密切的关系，它们的关系是理论与实践的关系。基础研究为应用研究提供理论依据和指导，而应用研究则可对理论进行检验或修正，并可为基础研究提出新的问题和方向，以推动基础研究的深入开展。

(三) 定性研究和定量研究

1. 定量研究

定量研究（也称量的研究）是指对教育教学现象可以量化的部分进行测量，获取量化资料，并用统计方法加以分析，以检验某种理论假设的准确性或对某种教育现象进行数量描述的一类研究。在后面专题所讲的教育科学研究方法中，实验研究是典型的定量研究，结构性问卷调查、结构性教育观察、内容分析法等也都属于定量研究。以实验研究为例，对研究对象的前测和后测数据，是主要的量化研究数据；对这些数据的整理分析，既要运用描述统计方法计算平均分、标准差，又要运用推断统计方法进行总体平均数差异的显著性检验。定量研究的主要优点是研究的客观性和精确性较高。

2. 定性研究

定性研究（也称质地研究）是在自然情境下，采用多种资料收集方式，对教育教学进行整体性探究，使用归纳法分析资料和形成理论的一类研究活动。参与观察或开放式观察及叙事研究都是典型的定性研究。例如，利用非结构观察法研究初中一年级的语文课堂教学，我们可以做课堂观察笔记、录音录像等，对教室的环境条件、教学设备、教师的教学行为以及学生的课堂行为做尽量全面地观察和记录，然后对所获得的资料进行仔细阅读、分析、归类和概括。定性研究的主要优点是对研究对象描述的整体性和过程性，能够获得关于对象的比较详细、全面的丰富资料。

（四）思辨性研究和经验性研究

1. 思辨性研究

所谓思辨性研究，主要是指依靠研究者的"哲学沉思"而寻求教育问题答案的研究。思辨研究不需要从研究对象那里获取系统的经验事实，比较适合于对教育教学的目的、价值问题和教育教学的本体论问题的探讨。例如，"中学应该不应该开设心理卫生课？""教育的本质是什么？""教学的本质是什么？""师生关系的本质是什么？"等。思辨性研究的成果往往是抽象的、深刻的，是远离实践的，对实践的影响是间接的。

思辨性研究具有如下几个特征：

①思辨性研究没有具体的研究对象。思辨研究一般只有抽象的对象，而没有或者不需要具体的对象。因为它不需要从对象那里获取系统的、翔实的资料。如研究"教学的本质问题"并不需要作系统的课堂教学观察。

②思辨性研究靠逻辑说话。思辨研究一般是从概念到概念，从理论到理论式的研究。有时可能是思辨加例证的。它主要依靠研究者的形式逻辑推理或辩证逻辑推理。

③思辨性研究没有程序性的、操作性的研究方法。它只有思维的方法，逻辑的方法。这类方法"只可体悟，不可言传"。

2. 经验性研究

经验性研究是指研究者运用自己的感官或研究工具，从研究对象那里获取系统的经验事实，并对经验事实进行分析、概括地研究。经验性研究主要研究教育教学的"科学技术"问题，而不研究教育教学的"哲学问题"。经验性研究常研究如下问题："学生的学业成绩和学生家庭的经济状况有关吗?""发现教学法的教学效果优于讲授法的教学效果吗?"等。

经验性研究具有如下特点：

①经验性研究有明确而具体的研究对象。如实验研究有具体的被试对象，调查研究要有具体的调查对象。没有明确具体的研究对象，就无法开展经验性研究。

②经验性研究靠事实说话。经验性研究是一种摆事实讲道理的研究；是将研究结论建立在系统的经验事实之上的研究。它必须从研究对象那里获取系统的经验事实。

③经验性研究有比较明确的程序性、操作性方法和研究工具。经验研究的有效性就在于研究过程的合理性以及研究工具的有效性。

经验性研究是科学层面上的研究，而非哲学层面上的研究，上述所区分的定量研究和定性研究虽然哲学方法论取向不同，具体使用的研究方法和研究资料的处理也不同，但均以经验事实为依据，都属于经验性研究。

（五）历史研究和现状研究

根据研究对象的时间来划分，可分为历史研究和现状研究。

1. 历史研究

历史研究是研究过去发生的事情，是就某种教育现象的发生、发展、变化过程进行系统的搜集文献资料和分析探讨。它把叙述、思考、分析、解释过去的事实作为主要过程。它通过对人类过去的教育思想和实践的分析去认识和揭示教育发展的规律。一般包括问题或假设的提出、史料收集、鉴别、批判、运用和阐释等步骤。历史研究可使某一教育现象的认识更深刻更全面，从中不但了解到某一教育现象的过去和现在，而且还可预测它的将来。采用历史研究往往需要查阅大量文献，因而有时被看作文献研究，但不能把它和文献研究混同起来。文献研究不一定研究某一现象的全部过程，而历史研究也不限于只是查阅文献。

2. 现状研究

现状研究是研究现在（新近）发生的事情，把论述、分析、解释现状作为重点，它包括观察研究、测验研究、调查研究、统计研究、图表研究、相关性研究、发展研究，等等。

然而，上述分类也有不妥之处，例如："历史是现在和过去的对话"，历史研究如果不用现在的观点，则既不能观察过去也不能理解过去。又如，在调查研究中还包括把论述历史上某一特殊事件的文献、记载、日记、书信等作为资料对该事件做间接调查的"历史事件研究"在内，可见调查研究的对象未必限于现实情况。

按研究的具体方法可分为观察研究、调查研究和实验研究等。

按研究的功能可分为描述研究、探索研究、评价研究和预测研究等。

按研究的时间取向可分为纵向研究、横向研究。

按研究的场所可分为实验室研究、现场研究。

按研究对象的数量可分为个案研究、成组研究。

按研究现象的领域可分为个性研究、认知研究、语言研究、课程研究和教法研究等。

上述这些分类不是绝对的，它是相对某一标准而言。对于具体的某一项课题研究，其研究所涉及的往往是多方面的、综合的，因而也可以将其同时归入好几种类型。

第二节　教育研究的历史演进和方法论

一、教育研究方法的历史

教育研究方法是伴随着教育，特别是学校教育的产生，以及教育实践的增加和教育理论的丰富而产生和发展的。它随着生产力水平的提高，科学技术的发展，人类文化的进步，而不断革新并日臻完善。

原始社会时期，教育在生产劳动中进行，人们一方面以言传身教的方式把知识经验传授给下一代，另一方面对传授过程的方式方法以及对年轻一代的教育效果，进行自然的观察和原始的总结，以便不断改进。诚然，那时的观察和总结往往是无计划的、不自觉的，而且是零散的、低水平的；通过观察获得的新发现，具有很大的偶然性，而总结也只是停留在思维上，还不可能像今天一样有文字上的描述和概括。

奴隶社会和封建社会时期，随着文字的出现，学校教育的产生和发展，教育实践的日益深入，各方面科学文化知识的积累和丰富，观察法、经验总结法等教育研究方法为教育家们自觉运用历史法、文献法、测量评价法、思辨法等教育研究法也随之出现。我国古代孔子、朱熹等著名教育家对教育的研究，其方法主要是观察研究和经验总结。古代许多教育家为了对先辈教育思想和实践进行深入探索，常查阅历史文献资料或对先辈教育言论进行汇编整理和注疏诠释，如孔子修订《六经》、朱意的《四书集注》等，这些做法均属历史研究和文献研究。我国古代考试，特别是科举考试，就是对考生进行测量评价。思辨法是依靠尚不充分的客观事实，运用纯理论的思考分析或逻辑推理，去把握事物的一般性质的一种研究方法。古代的思辨法已达到一定的水平。如我国的"五行说"、印度的"四元素说"、古希腊托勒密的"地心说"等学说的提出均以思辨法的运用为前提，① 尤其是古希腊亚里士多德的推理三段论法和推理性猜测法影响更大。亚里士多德的推理三段论法如：人总是要死的，这是我们所观察到的事实；苏格拉底是人；所以，苏格拉底也会死。亚里士多德的推理性猜测法，典型的例子是他对地球的猜想。他指出，在平原看高塔或在海岸望航船，当它们由远及近时，不仅在增大而且在增高，并且总是先看到它的顶部，然后才逐渐看到整体。这只有在曲面上才是可能的，因此，他猜想：大地是圆球。亚里士多德的推理三段论法和推理性猜测法，在当时简直成为科学研究和哲学研究的思考模式。

古代的教育研究方法曾有效地推动了古代教育研究，但它仅仅停留在不完整的事实观察或现象的描述和主观分析推断的水平上，还未能全面系统地把握客观事实和逻辑论证，缺乏精确的量的分析和严格的科学实验验证。因此，当时所采取的各种教育研究方法还没有达到真正科学研究的水平。例如，那时的观察法是缺乏系统性的，教育观察者往往以不完全的经验或证据为基础，忽视同时存在的复杂的教育因素在起作用，或者让感觉及偏见影响观察与结论。经验法则局限于个体的实践水平，并以个体经验为限度，在个体经验暂时达不到的地方，这种方法就起不到作用。历史法和文献法则局限于孤立的中书研分或当时的文献分析。

---

① 张少华，侯书山 . 科学学简明教程 ［M］. 开封：河南大学出版社，1986.

而鉴别史料文献的真伪，还缺乏科学的考证和严格的比较分析。测量评价法用主观判断和文字记分，缺乏信度和效度。思辨法所依据的经验材料是零散的、不充分的，它对经验材料往往不加批判地相信，对直觉现象轻易地做出概括结论。尤为甚者，古代是权威专断社会，盲从权威、迷信古人是普遍现象，人们思考教育问题，探索教育规德。常以权威的训谕为准绳。如我国古书记载的"法先于""遵先王之道"等一类的话，就带有浓厚的教条主义和权威主义的色彩；在欧洲的中世纪，上帝和神高于一切，宗教思想严重地束缚着人们的思辨。

欧洲"文艺复兴"后，研究方法逐渐重视假设和实验。实验方法最早为力学试验形式被工程师所应用，但明确看到科学实验的重大作用并最先系统研究实验方法的是英国的培根（Francis Bacon）。培根在其《新工具》一书中指出，科学应当是实验科学，要打破中世纪那种宗教式的思辨枷锁，就应当用理性方法去整理感性材料，用归纳法去归纳经验，并促成经验和理性的婚配。培根以定质实验和归纳为主，强调科学研究的经验性质。

16 世纪意大利科学家伽利略开创了实验方法与理性方法、数学方法相结合的研究途径。17 世纪以后，经验方法、理性方法和数学方法相结合的方法有了更广泛地运用。

从 17 世纪开始，其他科学领域各种研究方法的发展，促进了教育研究方法的发展，尤其是自然科学的实验研究以及量的分析研究，为以后教育研究走向科学化奠定了基础。此外，一批杰出的教育家如夸美纽斯、裴斯泰洛齐、第斯多惠、乌申斯基等人，把教育研究与教育实践紧密结合起来，从而有效地促进了近代教育研究方法的发展。

从 19 世纪前后至第二次世界大战结束是教育研究方法发展的全盛时期。这一时期，教育研究方法出现了以往任何时期不可比拟的崭新面貌。

第一，教育实验运动迅速开展。19 世纪前后，比较著名的教育实验有：1768 年瑞士教育家裴斯泰洛齐创办"新庄"实验学校所进行的教育实验；1825 年英国欧文创设移民区"新和谐村"所进行的教育实验；1896 年，美国杜威创办芝加哥大学实验学校所进行的教育实验。从 19 世纪末开始，在德国、英国和美国等国家，教育实验蓬勃发展。自德国冯特首创心理实验室（1879 年）用实验的方法研究人的心理以后，1882 年英国的高尔顿在伦敦成立人类学实验室研究个别差异问题。20 世纪初，心理、教育学家们大力提倡教育实验，促进教育实验的开展，促进了教育研究的科学化如德国莫伊曼主张用心理实验方法来研究教育问题；法国比纳主张用实验方法研究儿童的智力发展；美国桑代克把动物心理实验的方法运用到教育上，还主张教育现象和教育理论必须有严格的实验验证。测量工具的发展和统计方法的进步，为教育实验提供了技术和方法。此后，教育实验作为一种比较严格的科学研究方法在教育上得到广泛地运用。我国的教育实验运动始于 20 世纪 20 年代，当时在美国教育实验运动的影响下，各地纷纷建立教育实验区，到 30 年代，各种教育实验区遍及全国各地。影响较大的教育实验有陶行知、晏阳初、梁漱溟的平民教育和乡村教育的实验。

第二，教育测量运动蓬勃兴起。1864 年，英国的菲雪尔（George Fisher）编成世界上第一个成绩量表。尔后，美国的莱斯（Rice）积极提倡教育测量，并于 1895—1905 年间编制了算术、拼字、语言等测验。与此同时，教育测量运动迅速兴起，各种客观标准化教育测量纷纷出现，著名的有法国比奈（A. Binet）、西蒙（T. Simon）的智力测量（1905 年）。1909 年，被称为教育测量鼻祖的美国教育心理学家桑代克运用统计学的"等距原理"，发明了编制量表的单位。编成了《书法量表》《拼字量表》《作文量表》《图画量表》等标准测量工具，使教育测量走上科学化的道路。从此以后，各种学业成绩测验、智力测验、能力倾向测验、诊断测验、人格测验等客观标准化教育测量迅速兴起。

第三，教育调查开始被重视，并逐步走向规范化和科学化。19 世纪以后，教育研究者开始重视运用调查法，早期著名的教育调查是 1897 年美国莱斯进行的拼写练习调查。此外，19 世纪末 20 世纪初，美国还有一些影响比较大的教育调查，如 19 世纪末美国的斯坦利·霍尔（Stanley Hall）采用问卷法进行的教育调查；1910 年哈佛大学教授哈诺斯（Paul Hanus）进行的学校调查；1911—1912 年纽约开展的大规模学校调查。所有这些教育调查，在其方法手段的使用上都在一定程度上注意到规范化和科学化。随着教育调查法的广泛运用，在其复杂程度和量表使用方面有较大发展。

第四，教育统计学及其他教育研究技术的产生和发展，为教育研究向科学化发展开辟了广阔的途径。

总的看来，这一时期，自然科学的研究方法以及其他社会科学的研究方法广泛移植于教育研究领域，丰富了教育研究方法的体系。同时，教育研究者也继承和发展了传统的教育研究法，并不断创立新的教育研究法，从而逐步形成了教育领域独特的研究方法体系。

二、教育研究方法的发展

1. 教育研究方法的发展趋势

（1）关于教育调查越来越多

调查研究法是社会科学最基本的研究方法，自 20 世纪 50 年代以后，世界各国教育研究者采用此法越来越多。在我国，既有数以万计的个人进行的教育调查，亦有很多协作进行或集体组织进行的教育调查；既有本地区教育调查，亦有跨县、跨省市或全国性的教育调查。此外，还有课程与教学改革试验情况的调查研究，农村九年义务教育的调查研究，学生心理与思想品德教育的调查研究，大学生基本素质的调查研究，大学毕业生就业情况的调查研究等。

（2）教育的试验大面积铺开

从 20 世纪 50 年代开始，苏联、美国、德国以发展学生智能为中心的教学改革实验很多，影响较大的是赞科夫、布鲁纳、瓦根舍因等三大典型学派的课程改革实验。此外，国际上还出现了"以培养学生创造性思维能力"为核心的"发现法""探究法""解决问题法"等教学方法改革实验；开发智力的早期教育实验颇受重视。在我国，以发展学生智能为核心的教育实验不计其数。80 年代是教学实验的高峰期。90 年代，教育实验研究以强化素质教育为要旨，以培养学生学习自主性、学习兴趣、生命活力和开发学生智能为中心。

（3）关注到长期追踪研究法

长期追踪研究的典型例子是美国 1921—1972 年为期 51 年对超常儿童创造能力的发展和培养的追踪研究。[1] 许多研究资料表明，由于教育的复杂性，教育周期长，用较短时间很难看出教育效果的实质性变化。因此，进行长期地追踪研究或纵贯性研究引起了教育研究者的重视。从国外 20 世纪中晚期所发表的许多教育研究报告看，其中有相当一部分就是运用长期追踪研究

---

[1]　哲学研究编辑部. 科学方法论文集 [M]. 武汉：湖北人民出版社，1981.

或纵贯性研究而取得成果的。美国布卢姆关于早期教育重要性的研究，对近千名儿童，从幼儿园到他们成人，进行了长期的追踪研究；苏联赞科夫的"教学与发展"研究，对实验班各种教学效果的分析，依据的是长期跟踪听课记录所取得的信息和数据；苏联苏霍姆林斯基对学生身心发展和德育成长的研究，进行了几年乃至一二十年长期的追踪研究。我国对长期追踪研究也十分重视。如，对幼儿早期教育方式方法的跟踪研究，对智力超常学生的发展的追踪研究，对大学生就业适应能力和创业能力的追踪研究等。

（4）系统科学引入教育研究

系统科学是"三论"（系统论、信息论和控制论）和"新三论"（耗散结构论、协同论和突变论）的总称。"三论"以系统论为核心，"新三论"是系统论的新发展（也有人提"九论"，即上述六论加上超循环理论、混沌理论和分形理论）。系统论、信息论和控制论产生于 20 世纪 40 年代前后。从 60 年代开始，"三论"运用于教育研究。美国、英国、德国、苏联等国的许多学者，试图用控制论的观点实现教学过程中学生认知活动的控制。美国心理学家斯金纳（Skinner）创立的"程序教学"以及德国弗兰克等人创立的"控制论教育学"，就主要从信息理论和控制理论角度考察教育现象。苏联巴班斯基运用系统论研究教学过程，提出了"教学过程最优化"的理论。我国自 1979 年以来，开始重视运用"三论"研究教育问题。而"新三论"则是 70 年代才发展起来的。运用"新三论"研究教育问题已引起人们的重视。

（5）研究方法在研究上应用

未来研究法、跨文化研究法、内容分析法、因径分析法、模糊论方法等新的研究法已移植和运用于教育研究。未来研究法产生于 20 世纪 40 年代，50 年代末以来发展迅速，涉及许多学科。运用未来研究法研究教育问题日益引起人们的重视。未来研究法主要是探索未来一定时期内教育内部各种因素之间以及教育与外部各种社会因素之间的相互依存关系及变动的可能趋势，它可以使我们预见未来教育发展的新动向。跨文化研究法（cross-cultural study）是利用各种不同文化为样本，以其资料做比较研究，从而探索不同文化背景的变量间的关系。这种方法最初为国外人类学家、社会学家广泛应用，以后逐步移植于教育研究。内容分析法是对于明显的传播内容，做客观而有系统的量化，并加以描述的一种教育研究方法。① 这种方法最初用于传播学的研究，后来广泛应用于其他社会科学研究，现在已成为教育研究中一种资料分析（定性分析和定量分析）的方法。因径分析法（path analysis）是寻找教育现象中诸不同变量间的因果结构的一种方法，它不是用来推论变量间的因果关系，而是用来检验一个假想因果模型的准确或可靠程度（它具有回溯的功能）。② 此法创于 1921 年、最初用于研究人口遗传学，20 世纪 60 年代后期为社会学家所运用，以后逐步运用于教育研究。国外运用此法研究教育问题的文献颇丰。模糊论方法是建立在模糊集合论基础上，对教育的复杂的模糊现象进行量的描述和处理，③ 以揭示其规律性的一种数学方法。④ 它创于 60 年代，我国 80 年代已将其原理运用于教育研究。各种新的研究方法引入教育研究领域，丰富了教育研究方法的体系，为研究各种复杂的教育课题拓宽了思路。

（6）对于现代教育评价兴起

作为教育科学研究三大领域之一的教育评价的理论与方法的研究产生于20 世纪 40 年代前后，1933—1940 年美国的"八年研究"。就是与现代教育评价结合在一起的。50 年代以后教育评价迅速兴起。美国的教育评价方法十分注重"诊断性评价""形成性评价""终结性评价"。评价的内容由早期单纯的对教育结果的评价，转向过程评价与全方位评价，教育评价不仅考察教育的结果，而且考察整个教育过程的诸方面。评价的范围由教育的微观领域进一步扩展到教育的宏观领域。教育评价的功能由教育管理转向教育研究，如布卢姆倡导的形成性评价，就是布卢姆研究学生掌握学习的重要研究方法。80 年代和 90 年代，教育评价法已为日本、苏联等许多国家的教育研究者所重视。我国教育界对教育评价的理论和方法有很多研究，如定性评价、定量评价、单项评价、综合评价、自我评价、他人评价、相对评价、绝对评价、描述评价、统计分析评价、多元主体评价、过程性评价、发展性评价等。

---

① 杨国枢，文崇一，吴聪贤，李亦园. 社会及行为科学研究法上第 13 版［M］. 重庆：重庆大学出版社，2006.

② 杨国枢，文崇一，吴聪贤，李亦园. 社会及行为科学研究法上第 13 版［M］. 重庆：重庆大学出版社，2006.

③ （日）水本雅晴；刘凤璞译. 模糊数学及其应用［M］. 北京：科学出版社，1986.

④ 张少华，侯书山. 科学学简明教程［M］. 河南：河南大学出版社，1986.

（7）注重采用综合研究法

由于教育问题常涉及社会、心理、政治、经济等多方面的问题，特别是20世纪80年代和90年代，心理学研究发展对教育的影响扩大，因此，把心理学诊断、多方面的具体分析条件以及从中提出教学建议这三者结合进行综合研究教育问题的方法，受到美国的重视。苏联曾加强研究。譬如探讨学生世界观问题的综合研究，通过运用形成信仰的心理诊断学，综合研究社会、学校、家庭等环境及大众传播媒介、计算机网络环境等多种因素的作用，来分析研究学生的世界观问题①。

（8）计算机得到广泛运用

电子计算机技术的迅速发展是20世纪科学技术发展史值得大书特书的一件大事，由于计算机技术的发展，导致了科学研究方法的革新，它介入思维领域，代替了人脑部分的功能。目前，计算机已成为从事教育科研的有力助手和信息资源库，它为迅速处理冗繁的研究资料，为大规模、大范围和长周期的教育研究配备了工具，使以往由于计算过于复杂而无法着手的教育科研课题得以顺利进行；它在开展情报资料检索、信息搜集和处理方面以及在进行模拟实验逻辑判断、推理证明方面也展示了可喜的前景。它是不断收集资料的动态资源的"专业资料库"，为教育科研储存足够多的研究信息；它也是教育研究者身边的"导师"，随时接受研究者的咨询，解答研究者提出的问题。

2. 教育研究方法的新取向

（1）网络文献法

网络文献法是通过计算机互联网去查找有关文献资料的方法。网络文献法是计算机技术发展的产物，是现代教育研究方法革新的重要标志。用这种方法搜集资料的优点是简便、快捷，信息源广泛、资料丰富，目前它已成为研究者较普遍使用的一种方法。

由于网络的资源要经过人工输入，在人工输入的过程中，需经选编或制作加工，因此网络的资源终究是有限的，文献资料不可能像现实图书馆或资料室那样齐全和丰富。所以，这种方法应和传统的文献法结合起来使用。同时，在使用时应注意辨别分析网络文献的可靠性。

---

① 陈友松. 教育学［M］. 武汉：湖北人民出版社，1985.

（2）档案袋研究法

档案袋研究法是通过建立学生个人的学习文档，累积个案研究资料，并通过分析研究学生的档案袋资料来评价学生和研究学生的发属历程从而探讨过与此相关的教育教学问题的一种研究方法。这种方法是从文学研究方法的传记研究法中得到启发的，因为"自传是教学与研究之间的媒介"，研究者可以通过学生的自传、档案，探讨许多教育教学问题。

（3）教育叙事研究法

叙事教育的主要目的是关注学校中"日常教育实践和经验的意义"，"使教育研究回归教育生活本身，在理解和分享中领悟我们自身教育实践活动的意义，并成为教育研究的一种重要方式"。① 教育叙事研究法包括进行经验收集、提供意义诠释和注意伦理规范三个方面。

叙事研究法由行动研究法发展而成，它强调的是"我"的研究过程。这种方法由研究者或教师本人"叙述"自己在研究过程中所发生的一系列教育事件，包括"我"是如何提出研究问题、如何分析问题和解决问题等。当"我"这样叙述"我"在研究过程中发生的一系列"教育事件"时，我在"叙述"的过程中已经在"思考"或"反思"了。讲故事或"叙述"成为一种有效的反思方法。更重要的是，当"我"这样叙述"我"在研究的过程中发生的一系列"教育事件"时，"我"已经是在收集研究资料和解释研究资料。这样，叙述的内容不仅是"教育事件"，而且也包含了"我"的心得体会。② 因此，"叙述"教育故事，就成为一种教育研究过程。③

（4）教育现象学研究法

近 10 年来，教育研究方法已从以往偏重理论或思辨的研究方法，逐步走向关注教育现象学研究方法。

理论或思辨的研究方法的做法是，通过对教育现象、事件进行具体的理论分析、综合、评析、论证、推导或反思、推敲，从而得出结论和提出观点。

现象学研究方法是一种描述性、阐释性研究方法。现象学由德国哲学家胡塞尔于 20 世纪初创立。教育现象学的操作方法和程序主要有：①从吸引我

---

①　丁钢．教育叙事研究的方法论 [J]．全球教育展望，2008（3）：8．

②　刘良华．论教育"叙事研究" [J]．现代教育论丛，2002（4）：17–18．

③　刘良华．校本教学研究 [M]．成都：四川教育出版社，2003．

们关注的现象开始，"特别要关注它们呈现的方式"；②"调查我们真实经历过的经验"，进行资料收集；③"反思提示现象特点的根本主题"（主题分析）；④"通过写作和改写的艺术方式来描述这一现象"。① 教育现象学研究法是根据研究目的，通过各种研究方法，如观察法、个案法、访谈法等获取资料，并对资料进行分析、描述、意义阐释（或意义生成），提出研究者的见解或结论。人们从事教育的质的研究，常采用现象学方法。

（5）心理学实证研究法

心理学的实证研究方法在教育研究中的运用主要有行为主义心理学范式和认知实验心理学范式。行为主义心理学范式主张，以行为指标作为研究变量，根据以人的行为为指标的结果去推断人的心理过程，或以行为指标为依据去描述或分析人的心理。在教育研究中，对学生思想品德、道德认识、动机、态度、情感、意志等的测量和研究，常用行为主义心理学范式。

认知实验心理学范式主张，按照研究目的对所研究的心理过程提出设想，根据所设想的心理过程，提出"在何种条件下"会"出现何种（行为）结果"的推论，然后，按照此推论设计实验，根据实验结果直接证实或否证所设想的心理过程。该范式大致可分为四个步骤：①根据研究目的提出设想；②根据设想提出推论；③根据设想和推论设计实验；④根据实验结果检验设想和推论。目前，这一范式已移植运用于教育学的实证性研究，例如，教育科学研究范式是：①根据教育研究的目的提出研究问题（即研究的内容）；②根据问题提出理论假设；③设计研究方法；④运用研究方法搜集资料；⑤资料的整理与分析；⑥作出结论，撰写研究报告。

上述两种范式中，第一、第二、第三个步骤两者几乎一致。认知实验心理学范式中，"设想"与"推论"，相当于教育科学研究范式的"理论假设"。教育科学研究范式的第五、第六个步骤则相当于认知实验心理学范式的第四个步骤。教育科学研究范式常见于实验研究法、调查研究法和跟踪研究法等。

现象学研究方法强调研究的"意义性"，而心理学实证研究方法则强调研究的"科学性"。两者有不同的优势，但都有局限性。因此，在教育研究中常将两者结合起来运用，使两者扬长补短。

---

① 朱光明，陈向明. 理解教育现象学的研究方法［J］. 外国教育研究，2006，33（11）：6.

综观现代教育科学研究方法的沿革及其发展走向，不难发现，教育研究方法的发展与教育事业、教育理论的发展，其他相关学科领域研究方法的发展，以及科学技术和人文社会科学的发展，是息息相关的。①教育研究等方法自身的沿革总是跟踪教育事业和教育理论发展的足迹，为适应教育发展的要求，研究者总是在继承传统的教育研究法的同时，结合教育发展的实际对教育研究方法进行改革和创新。②随着相关学科研究方法的发展，研究者又不断移植其他科学的研究方法于教育研究方法体系之中，或改造其他研究方法，使其成为教育研究方法。20 世纪 50 年代以来，移植运用其他科学方法，已不是停留在简单地照搬和模仿阶段，而是注意结合教育的特点，力图在继承和移植的基础上，创造出一套富有教育特色的教育研究法体系。③随着现代文化科学技术的发展，使教育研究方法越来越先进，并有效地促进了教育研究法从经验描述阶段向科学探索阶段过渡。④现代教育研究方法凸显定量研究法与定性研究法相结合的特征。

当然，现代教育研究法体系还是很不完善的，首先，其理论基础十分薄弱，缺乏坚实的理论依据，各种教育研究方法的认识论基础的研究不够深入。其次，普遍注重的是单一方法的具体运用，至于各个方法之间的内在关联以及如何科学组合某些方法去研究较为复杂的教育现象，有待进一步探索。

第三节　教育研究的基本过程

一、教育研究的原则

原则就是一种基本规范和要求，其目的是保证一项科学研究能按预定的计划实现预期目标。

教育研究的原则有：

客观性原则。客观性原则是指研究者在研究中必须尊重客观事实，反映客观事实，以客观事实为依据，从实际出发，实事求是。

创新性原则对教育传统最有力最深刻的批判，也是对教育传统最好的继承。1）吸收历史文化 2）关注前沿动态 3）不同角度思考问题

理论联系实际原则。1）重视教育理论的建构及其指导作用 2）从教育实

践需要和教育实际出发

伦理原则。伦理原则体现在遵守基本的社会道德准则，避免对受试者的伤害；遵守受试者权利，不给受试者不恰当的压力；要慎重解释研究材料和研究结果。

二、教育科学研究基本过程

(一) 确定课题

科学研究始于问题。确定研究课题是进行教育科学研究的起始环节，它对进行教育科学研究具有极其重要的意义。确定研究课题也就是提出和明确所要研究的问题，研究问题的价值在很大程度上决定着研究成果的价值。研究问题对整个研究活动具有导向作用和制约作用，决定着研究的性质、研究的方式和方法。提出一个清晰而尖锐的问题，是所有学术论文的第一步。问题就是矛盾。问题不是孤立的，必然处于一定的时代背景、理论背景、政策背景、实践背景中，确定研究课题包括发现问题和选择问题，也包括对问题的论证和说明。在确定课题阶段，研究人员所要明确的是课题的来源有哪些途径，怎样发现问题，如何论证课题，所选课题有何意义等。

(二) 文献回顾

在确定研究课题之后，接下来要做的重要工作是文献检索与文献阅读，即文献回顾。文献回顾对任何性质的研究活动都是必不可少的，它是教育科学研究活动中的准备性和基础性工作。文献回顾就是查找阅读与研究问题直接相关和间接相关的文献资料。通过查阅前人、他人在同类问题的研究中产生的文献，有利于研究者进一步明确自己的研究问题或者修正自己的研究问题。科学研究具有继承性。通过文献回顾可以使研究者明确自己研究的起点、出发点，找准自己研究的突破口。文献回顾可以为研究者提供研究方法的借鉴和解释研究结果的理论背景知识，其主要包括文献检索、文献的选择、文献阅读以及文献综述等工作。

确定研究课题和文献回顾虽然是两个相对独立的环节，但在实践中这两个环节常常是相互交叉的。确定研究问题离不开文献回顾，文献回顾总是围绕一定问题所进行文献回顾。文献回顾也可能迫使研究者暂时放弃最初的问题，重新考虑选题。例如，当我们想到一个自己感兴趣的问题时，我们围绕该问题查找和阅读有关文献，最后发现该问题已经得到圆满解决，已无进一步研究的必要，这时只好暂时放弃该问题，再去重新考虑新的选题。

(三) 研究设计

研究设计是对研究活动方式、方法的设计与选择。研究设计与制定研究工作计划两者有一定联系，但两者不是一回事。研究工作计划主要是对研究活动的组织和安排，主要指对人员、任务、时间、经费及活动进程的规划与安排。而研究设计则是以保证研究的质量为主旨，它主要关心的是如何提高研究的效度和信度。研究设计主要涉及研究问题与研究假设的陈述、研究变量的确定与界定、研究对象的抽取、确定搜集资料的方法、搜集资料工具的选择与制作、资料的分析方法的选择等问题。

(四) 资料收集

资料收集也称作研究的实施，是指研究者按照研究设计方案收集关于研究对象的信息、资料，是教育科学研究中最基本、最主要的典型性工作。没有对反映研究对象真实状况的信息资料的全面系统掌握，就不可能形成对研究对象的科学认识。实验法、调查法、观察法等主要是以系统、科学的程序和方法获取关于研究问题、研究对象的资料。研究资料的质量取决于收集资料的过程和收集资料所使用的工具。只有遵循科学的收集资料的程序，使用有较高效度和信度的工具才能获得关于对象的真实、有效、全面的资料，才能为研究奠定坚实有效的基础。

(五) 分析资料

分析资料是指对所获取的大量的、杂乱的资料进行加工、整理和分析。资料的性质不同，所采用的分析方法也不同。研究资料一般可以分为定性资料和定量资料两大类。定性资料如课堂观察笔记；定量资料如实验的前测和后测数据。相应的资料分析法一般可分为定性资料分析方法和定量资料分析方法。定性资料分析主要是对描述性资料进行编码设计与分类。定量资料分析主要是对数据进行分组、列表、绘图和假设检验。

(六) 撰写报告

这一阶段可看成是教育科学研究的最后阶段，也是教育科学研究取得收获的阶段。在这一阶段主要有两项任务：一是在前期资料分析的基础上进行进一步理性思维，通过概括、抽象，揭示事物本质，形成科学认识，得出研究结论；二是对研究结论进行阐释，形成研究报告。研究报告既包括研究结论，也包括形成结论的过程。研究报告一般包括对研究背景、研究问题及研究的价值意义的说明，研究过程说明以及研究结果的陈述与解释。

第二章　信度　效度　难度　区分度

第一节　信度的含义和分类

一、信度的含义

信度就是指研究的可靠性，即测量结果的稳定性、一致性，即研究能在多大程度上重复。一项研究在类似的对象或条件下能够重复，且取得大致相同的效果，即该项研究具有较高的信度。如果一项研究不能重复，或重复后不能取得类似的结果，则该研究的信度较低。假如一项研究是一次性的实验研究，其信度就很难评价。为了证明研究的信度，研究人员应当安排重复性实验，如第二轮实验、第三轮实验等，以提高研究的可靠性。

日常生活中，对人的信度的肯定往往也包含了效度的含义，是信度和效度的综合考量。而在测量中效度往往包含了信度。这就是语言的情境性和模糊。我们可以从下面几个描述中深入了解信度：

◆ 信度反映的是测量结果中由于随机误差所导致的方差的变异，信度越高，说明随机误差越小，测量结果越稳定。注意是随机误差而不是系统误差。系统误差只偏向于某一个方向，产生恒定效应，不影响信度。因此他也可能有较高的信度。

◆ 信度是衡量一个测验好坏的重要指标之一，任何一个好的测量工具都首先应该具有较高的信度。如果测量工具本身的信度低，就谈不上研究的结果的信度的高和低。例如一台称每次测量的结果都不一样，那你就不会参考这台秤给你的任何结果。

◆ 信度高不一定就是个好的测量工具。例如不法商贩利用缺斤少两的秤。

◆ 测量工具本身的信度高，测量的结果也不一定信度高。因为，研究结果的稳定性和一致性还会受到研究实施过程中的各种因素的影响。

一般信度的测量时容易产生误差的原因：

◆ 来自（主试）研究者的因素包括：不按规定程序实施、制造紧张气氛、给予特别帮助、评判主观等以及研究者本身的疏忽（听错、记错等）；

◆ 来自（被试）受访者的因素则可能是由于其个性、年龄、教育程度、社会阶层、身心健康状况、动机态度、注意力、持久性等生理心理因素，而影响其答题的正确性。

◆ 问卷内容的同构型及受访时间间隔的影响是影响信度的两个主要因素。测量内容（难度、遣词用句、问题形式/范围、数量、试题的区分等）不当、情境（时间长短、气氛、前言说明等）不当。

二、信度的分类

信度可以分为重测信度、复本信度、内部一致性信度、评分者信度。

（一）重测信度（test-retest reliability），又称为再测信度、稳定性系数，是指用同一个量表对同一组被试施测两次所得结果的一致性程度，其大小等于同一组被试在两次测验上所得分数的皮尔逊积差相关系数。如果比较两个群体得分是否有显著性差异，信度最低达到0.6-0.7即可，如果要比较两个个体得分是否存在差异信度最低要达到0.85以上才可以。不同类型的测验，对信度的要求也不一样。

一般来说，人格兴趣测验的信度要低于能力测验，学业成就测验中等信度水平约为0.92，特殊能力测验中等信度水平约为0.88，人格测验的中等信度大概在0.85，兴趣测验的中等水平大约在0.79，总得来说不论采取哪种方法计算的信度，能力类测验信度不应该小于0.8，人格兴趣测验信度值不应该小于0.7。人们通常对标准化测试的信度系数要求在0.90以上，例如"托福"的信度大致为0.95，而课堂测试的信度系数则以0.70-0.80之间为可接受性系数。

（二）复本信度又称等值性系数。它是以两个等值但题目不同的测验（复本）来测量同一群体，然后求得被试者在两个测验上得分的相关系数。复本信度也要考虑两个复本实施的时间间隔。如果两个复本几乎是在同一时间内施测的，相关系数反映的才是不同复本的关系，而不掺有时间的影响。

如果两个复本的施测相隔一段时间，则称稳定与等值系数。

（三）内部一致性信度（internal consistency reliability），也叫做内部一致性系数、同质性信度（homogeneity reliability），它是指测验内部所有题目间的一致性程度。这里的"一致性"指的是分数的一致，而非题目内容或形式的一致。因此，若测验的各个题目得分有较高的正相关时，不论题目内容和形式如何，测试都是同质的；相反，即使所有题目看起来都好像测量同一特质，但分数相关很低时，这个测验就是异质的。内部一致性信度主要反映的是测验内部题目之间的信度关系，考察测验的各个题目是否测量了相同的内容或特质。内部一致性信度的测量方法为求分半信度和克隆巴赫 α 系数。

（四）分半信度（折半信度）属于内在一致性系数：测试只进行一次，但将整份试卷（调查问卷）的题目按单、双数分为两半，计算两半得分的相关系数，进而估计整个量表的信度。

每个被试在奇偶分半法下，都会得到两个分数，两个分半测验各有一个得分，通过皮尔逊积矩相关法得到两个分半测验的相关系数。但是得到的相关系数并非测验的信度，而是测验一半的信度，因此不能采用该相关系数，需要用斯皮尔曼—布朗公式进行校正，从而得出整个测验的信度值。

$$r_{SB} = \frac{2r_{hh}}{1 + r_{hh}}$$

式中，r_{SB} 表示经过斯皮尔曼—布朗公式校正之后整个测验的信度指标，r_{hh} 表示分半信度。

（五）克隆巴赫 α 系数是学术界普遍使用内部一致性系数（Cronbachα）检验量表的内部一致性信度，总量表的信度系数最好在 0.8 以上，0.7-0.8 之间可以接受；分量表的信度系数最好在 0.7 以上，0.6-0.7 还可以接受。Cronbach's alpha 系数如果在 0.6 以下就要考虑重新编问卷。

（六）评分者信度，指的是多个评分者给同一批人的答卷评分的一致性程度。在由客观性试题组成的心理测验中，答案具体而固定，无需考察评分者信度；但在投射测验、道德判断测验、创造性思维测验等测验的评分中，答案并不固定，评分时必然掺杂有主观判断因素，因此在评定这些主观性题目时，评分者之间的变异是产生误差的重要原因之一。因此，需要考察评分者信度。

考察评分者信度的方法是：随机抽取相当份数的试卷，由两位或多位评分者按记分规则分别给分，然后根据每份试卷的分数考察评分的一致性。主要评分方法包括皮尔逊积矩相关法、斯皮尔曼等级相关法以及肯德尔和谐系数法，一般要求在成对的受过训练的评分者之间平均一致性达到 0.90 分以上，才认为评分是客观的。

◆ 两位评分者

如果只有两位评分者，计算其评分的相关系数，即得评分者信度。一般要求在成对的受过训练的评分者之间平均一致性达到 0.90 分以上，才认为评分是客观的。

◆ 多个评分者

当多个评分者评多位评分对象，并以等级法记分时，还可以采用肯德尔和谐系数作为评分者信度的估计，公式如下：

$$W = 12 \left[\sum R_i^2 - (\sum R_i)^2 / N \right] / \left[K^2 (N^3 - N) \right]$$

其中，K 是评分者人数，N 是被评的对象数（通常是考生数，每个考生一份试卷），是第 i 个被评对象（考卷）被评的水平等级之和。

第二节　效度的含义及分类

一、效度的含义

效度是指研究结果的有效性程度，即研究结论与现实的符合程度，或指测量结果与所测事物属性之间的符合程度。是评价一项研究活动及其成果的重要质量指标，体现的是你是否测出你想测的东西，或者测出的程度如何。高质量的研究应当具有较高的研究效度，研究效度低意味着研究质量低。效度并非全有或全无，只有程度上的差异。效度具有目标导向，说某个量表效度高，是针对特定目标和用途，而非一般推论，所以说有效度必须说是针对谁，在什么条件下测量哪个特质或目的。效度无法实际测量，只能从现有信息进行逻辑推断或从实证资料做统计检验分析。

研究效度一般分为内在效度和外在效度。也可以分为表面效度、内容效度、结构效度、效标效度。

二、效度的分类

（一）内在效度及影响因素

1. 内在效度

内在效度是指研究结果能被明确解释的程度，或者说是研究结果能被证明的充分性程度。在实验研究中即指对实验结果进行归因分析的明确性程度，亦即能否肯定实验效果是由实验变量引起的。

我们通过一个虚构的例子来说明内在效度。假如，一个中学教师在读教育硕士期间学习了某种新的教学理论，受此启发构思了一种新型教学法——"××教学法"。毕业后回到自己所在学校，在自己所带的一个班级中尝试运用这种"××教学法"。使用一学期后，期末考试取得了良好的成绩。该教师撰写了一篇该教学法的相关研究论文寄给有关刊物。那么，该教师的研究的内在效度怎样呢？该研究是一个没有内在效度或者说内在效度极低的研究。假定期末考试的良好成绩是真实的。那么这种良好的成绩是怎么取得的呢？是由于运用"××教学法"吗？可能是，也可能不是。有可能是由于该教师的综合素质的提高，可能是由于教师在教学中付出了更多的努力，也可能是由于学生参加课外补习。当然，也有可能是"××教学法"的运用。总之，该研究的实验效果不能进行明确的归因。因此该研究是内在效度极低的研究。

如果该教师的研究是按下面的方式进行的，那么，其研究的内在效度将大大提高。该教师在自己的所任年级选择了两个平行班（两个班学生各方面的情况基本相同，最近一次的考试成绩无显著性差异），随机确定其中一个班为实验班，另一个班为对照班。自己同时担任这两个班的教学，两个班的教学条件、使用的学习材料以及学习时间等基本相同，教师时时提醒自己要以同样的态度和责任心对待两个班，不可有偏向。在两个班的教学中，唯一不同的是，实验班采用"××教学法"教学，对照班采用传统教学法——讲授加提问的方法进行教学。期末考试运用同一套题对两个班进行测试，经统计检验，实验班的成绩显著高于对照班的成绩，然后撰写实验研究报告，寄给有关刊物。实验班的成绩显著高于对照班的成绩，说明实验有了效果，且可以做出明确的归因分析，即这种良好的实验效果主要是由于"××教学法"的运用。因此。该研究具有很高的内在效度。

2. 影响内在效度的因素：

（1）历史（History）

在实验过程中，不是作为实验处理的任何事物的出现，可能影响自变量和因变量之间差异的因素。

"历史"指的是超出研究者所能控制范围的特定外在事件对被试产生的各种影响，也包括诸如突发的灾难未定的考试产生的焦虑对被试的影响等。历史因素可通过恒定其它条件的方式加以控制。

（2）成熟（Maturation）

反映被试一个时期或一个阶段后，随时间的推移以及偶然因素的影响，被试自身的身心各方面发生的变化而引起的系统变异，如生理、心理的发展，技能、知识、经验的增长，或者变得疲倦、失去

兴趣、焦虑等。这些变化可能与自变量混淆而影响对因变量变化结果的解释，从而降低研究内在的效度。例如在"绘本阅读促进幼儿语言发展"实验研究中。由于无论是否参加绘本阅读实验，在 1-3 个月内幼儿语言能力都能得到自然的发展。因此，如果只是一个实验组则无法判定是绘本阅读促进的发展。

（3）测验（Testing）

教育实验中前测作为一次学习经验可能影响后测的成绩，或积极的，或消极的。常见的有练习效应，敏感效应和选择性效应。被试形成对练习和测验的敏感性，尤其是在前后测之间相距时间较短情况下会影响研究的内部效度。因此在参加重大考试例如高考之前都有几次模拟考试。

（4）工具（Instrumentation）

指教育实验中测试手段技术或工具的无效或缺少一致性，例如用不同的主试去参加不同的测验，或相同的主试主观情绪状态发生变化（如变得更严格、疲倦或粗心等），或研究者的个性、态度、价值观、信息的影响，或评判标准不同（前后测难度不同，不同班用不同测验，或评判者的差异），其可能结果是对测定和评级的精确性的一个无效评价。

（5）统计回归（Statistical Regression）

这是在教育实验中有前后测情境下出现的一种效应现象，一种趋向平均数的常态回归（regression to tht mean）被试前测成绩过优或过劣，则在后测时成绩都有自然向群体平均值靠拢的趋向的现象。这种变化不是以是否施以

实验处理为转移，这就是统计回归现象。对这种由于统计回归效应而混淆再次测试取得的实验结果，如不加分析，易产生错误结论。如优班和差班两个班分别用不同教法，然后比较效果。如果只看差班采用新方法进行教学，似乎比一般方法提高了学生成绩，可是与好班情况进行对比分析，说明可能是回归因素造成的，并不真正代表行为上的转变。因此，分析结果时，必须排除统计回归效应。为避免此因素的干扰，在研究中最好不采用两极端的被试或在研究中将极端分数者单独分组，注意结果的差异。

（6）被试选择（Selection）

指被试取样不等（differential selection）由于选择被试的程序不适当，没有用随机取样和随机分组的方法，因而造成被试组之间存在系统性差异。也就是说在研究处理前，他们在各方面并不相等或有偏性。其中也包括被试态度：参加实验组的被试均为自愿者，属积极型；而控制组却是非自愿者，属消极型，对实验抱有疑虑甚至抵制情绪，那么实验组高度的动机则可能导致结果的偏差，无效做有效的合理比较。

（7）被试的缺失（Mortality，attrition）

在一个延续时间较长的研究中，被试的更换、淘汰或中途退出可能对研究结果产生显著影响。两个组，好学生离开控制组，由于被试更换，造成两组被试不等，结果实验组效果很好。发出问卷，如果回收率不到 70%，缺失部分正好影响研究结果分析。需要指出的，其中也包括时间的等值：两个班学生缺席次数是否相同，两组学生学习时间是否相等，课外得到的补习时间量是否相等。

（8）选择和成熟的交互作用及其他（Interaction of Selection and Maturation）

指成熟程度不同的被试安排在对比组中会影响实验结果的正确解释。也可能有关实验处理的信息的扩散和交流，对实验组、控制组所操纵的自变量的影响。也可能由于成熟、历史或测验因素，已形成的实验、控制两个组，一个可能更适合（或更不适合）这种实验处理或有一个内部的优势。这就是由于测试程序、因素控制和实验安排等方面的原因，造成多种条件和因素之间的交互作用，从而影响对结果的解释。

（二）外在效度及影响因素

1. 外在效度

外在效度是指研究结果能被推广的范围大小。一项研究结果其所推广的总体范围愈大，外在效度愈高。反之，其可推广的总体范围愈小，外在效度愈低。假如我们在一所省级重点中学进行了一项教学实验研究，且具有很高的内在效度，但这样的研究的外在效度可能很低。因为其研究结论只能推广到和其类似的省级重点中学，其所推广的总体范围是有限的。将其研究结果推广到一般中学或者较差的中学很可能不一定有效。假如我们不是在省级重点中学进行该项教学实验研究，而是将实验学校选在一所普通中学，当该项实验成功后，其外在效度也高。因为普通中学的数量最大，中等水平的学生人数最多，该研究结果可推广的范围较大。外在效度其实质是研究样本所代表的总体范围的大小。样本所代表的总体范围愈大，外在效度愈高；样本所代表的总体范围愈小，外在效度愈低。

内在效度高的研究不一定外在效度高。一项内在效度很高的研究，如果其代表的总体范围大，其外在效度就高；如果其代表的总体范围小，其外在效度也就低。但是，如果一项研究没有内在效度，或者内在效度很低，那么该项研究也就谈不上所谓外在效度。即人们不可能去推广一项研究结论未被充分证明的研究成果。对于一线教师来说，进行教育教学研究，首先要考虑内在效度。

实验的内在效度和外在效度是相互关系、相互影响的。这两种效度的相对重要性，主要取决于实验的目的和实验的要求。一般而言，在实验中控制额外变量的程度越大，则对因果关系的测量就越有效。因此，可以在保证实验内部效度的前提下，采取适当措施以提高外部效度。

2. 影响外在效度的因素

（1）选择与实验处理的交互作用效应（Interaction of Selection and Treatment）

表现为取样偏差，被试取样没有代表性。在优等生进行翻转课堂的实验的结果不能推广到一般或较差学生。

（2）测验与处理的交互作用效应（Interaction of Testing and Treatment）

表现为对测量的敏感化，前测提高了被试对后测的敏感性，或前测干扰了实验处理的作用。因此，有前测的实验结果不能推广到没有前测的对象中去，只能应用于已作过相似前测的样本。

（3）实验安排的效应（Interaction of Setting and Treatment）

指实验情境措施对被试的影响。包括实验者本身的个性特征、动机、情绪等，将实验目的、对实验结果的期望无意中传递给被试，或被试的志愿性，被试知道参与实验而提高积极性，从而使实验处理的效果含有了特定的含义，如霍桑效应。

（4）多重处理的干扰（Interaction of Different Treatment）

如果某实验组重复接受两种或两种以上的实验处理，那么后一实验处理将受到前一实验处理的干扰，产生练习效应或疲劳效应。

内在效度是外在效度的必要条件，但内在效度的研究结果不一定具有很高的外在效度，而且内、外在效度有时会互相影响。例如，为防止性别差异影响实验结果，只选取男生或女生为受试者，这时实验的内在效度提高了，但实验结果的外在效度却降低了：不能推广到不同性别的群体。在学校、教室内进行实验的结果，虽然将来能较好地适用于实际教育情境（具有好的外在效度），但因实验条件限制，无法像实验室实验那样进行充分控制，实验的内在效度往往降低。提高外在效度的根本措施在于：使被试取样具有代表性，使实验情境与教育教学环境尽量接近，可以在各种不同条件下进行重复性实验。

（三）表面效度

表面效度指外行人从表面上看测验是否有效，即：表面上看测验题目与测验目的是否一致。即：表面效度即从题目表面是否容易看出出题人的意向和答案倾向。

表面效度不是真正的效度指标，容易和内容效度搞混。表面效度是外行对测验作表面上的检查确定的，而内容效度是专家对测验进行详尽的、系统的评价建立的。虽然两者都是对测验内容作出的主观判断，但判断的标准不同。前者只考虑测验项目与测验目的之间的明显的、直接的关系，后者则同时考虑到测验项目与测验目的和总体内容之间的逻辑的本质的联系。测量目的应该对设计者是显而易见的，被测者可以不知道这道题的真实意图，有的时候涉及到隐私的态度时，则不能有很高的表面效度。例如，我们在看病时候，医生问你最近吃了什么，比平常是不是睡眠更不好？这些问题并不需要病人知道为什么医生要问这些问题。表面效度影响被试的测验动机，人格测验要求表面效度不宜过高。表面效度高的题目内容效度不一定高，表面效度低的项目内容效度也不一定低。如，明尼苏达个性调查表中有这样的题目："我的喉咙里总好像有一块东西堵着似的。"表面上看来这种题目似乎与个性无关，但在临床上，回答"是"的人很可能是癔病或神经衰弱患者。

（四）内容效度

是指项目对欲测的内容或行为范围取样的适当程度，即一套测试题是否测试了应该测试的内容或者说所测试的内容是否反映了测试的要求，即测试的代表性（重难点）和覆盖面（考试范围）的程度。例如，教师为了了解学生在某一学科或某一课题上对知识的掌握情况，若时间许可，可以进行一个全面的考试，包含所有有关的内容，这显然行不通。于是，就从这一范围总体中选一样本，也就是从可能的题目中取样来编测验，根据测验分数推论学生在该范围总体的知识。由于这种测验的效度主要与测验内容有关，所以叫内容效度。

提高内容效度，要有定义得完好的内容范围。所谓内容范围，可以是一个明确而有限的题目总体，也可以是具体的知识和技能，也可以是复杂的行为，如中小学生的心理健康的特点和表现。成就测验主要目的是测量学生在某一学科中学习的效果，此种测验的内容范围容易确定，但人格测验、兴趣测验等，测验的内容范围较难确定。

测验项目应是已界定的内容范围的代表性样本。如果把所有的内容视为一个总体，那么测验项目可以视为一个样本，这个样本要具有代表性，这个样本能够代表总体的程度就是内容效度。在成绩测验中，还要注意题型的选择，学生对知识的掌握程度不仅取决于对学习内容的记忆，还有理解和应用等，因此，如果只从对知识的记忆上去取样，那就是有偏的样本，还得考虑理解、应用等方面知识和能力的考查。例如，如果英语水平的测量仅仅考查阅读题型，则并不能考察出真正水平，英语能力涉及听说读写四部分，雅思考试四项都有，因此雅思考试的内容效度很高，认可度也高。在中小学学科考试中，通过建立题库并在题库抽题时用双向细目表（命题明细表）来提高内容效度。为了使测验具有较高的内容效度，在设计一个内容参照测验（或称为标准参照测验）时，可采用考试目标与考试内容两个维度的"双向细目表"去命题。在设计"命题双向细目表"时，要注意两点。首先必须明确考试的范围和这一范围所包含的内容，然后确定各部分内容的比例，从而保证测验内容所具有的代表性；其次是将测验内容与教学内容和规定的教学目标进行分析对照，看看前者在多大程度上体现了后者，若教学内容规定的教学目标基本上能体现在试题中，则可推断这套试题具有较高的内容效度。

在教育测量实践中，要评价一个测验的内容效度，常根据课程的内容和教学目标进行认真分析，做出具体规定，审查测验内容与课程内容和规定的教学目标的一致性，以此来作为内容效度指标。由于这种分析实质上是一个逻辑分析和比较的过程，因而也称之为逻辑效度或课程效度。

（五）效标效度

又名效标关联效度、实证效度、经验效度。效标效度是一种衡量测试有效性的量度，通过把一次测试与一个或多个标准尺度相对照而得出。效标效度可分为两种：

一是共时效度（concurrent validity），即将一次测试的结果同另一次时间已经发生的有效测试的结果相比较；例如大学英语四六级的效度，与已经参加雅思考试的成绩进行相关性分析。

二是预测效度（predictive validity），即将模拟测试的结果同未来高考成绩相比较，或是同教师后来对学生的鉴定相比较而得出的系数。或者高考的成绩与大学大一成绩的相关。

共时效度和预测效度是相对而言的，二者不同之处就在于现在所用的问卷或量表在时间维度上以谁为效标做比较，如果是与未来的效标做比较，那就体现为预测效度；如果是与已经发生的效标做比较，因为是已经发生了，也就没有了预测的功能，反而是已经发生的效标对现在问卷具有了预测功能，所以这就是共时效度。一般来说，对某次测试的效度进行检验时，除了要根据教学大纲的要求和观念有效性的理论对试卷的内容进行考查以外，还须采用计算相关系数的定量方法，即计算出本次试卷与另一份已被确定能正确反映受试者水平的试卷之间的相关系数。系数高则有效性大。课堂测试的效度应在 0.4-0.7 之间，规模较大的测试其效度应在 0.7 以上。

（六）结构效度

又名构念效度、构想效度。指测验能够测量出理论的特质或概念的程度，或量表在多大程度上反映了假设的理论构想，即：测验数据分析出来的维度与理论维度之间的一致性程度。内容效度和效标效度所关心的是测验结果的实际用途。如内容效度旨在确定测验分数说明学习成就的程度如何，而效标效度旨在确定测验分数预测未来成就的程度如何。此外，我们还需要确定测验分数所能说明的意义是什么。这一问题是结构效度所关心的。所谓结构效度，就是指测验能够测量到理论的概念和特质的程度。所谓"结构"（或称构念）就是教育理论所涉及的抽象而属假设性的概念、特质或变量，例如，智力、焦虑、能力倾向、成就、动机等。[①]

结构效度确定的方法大体上是这样的：①先从某一结构理论出发，导出各项关于功能或行为的基本假设，提出可检验的构念与其他变量间关系的预测。②据此编制测验，从事实证的研究，以验证上述的预测（假设）。③查核测验结果是否符合理论上的见解，如果上述的预测（假设）成立，测验的效度就获得支持，反之，如果预测（假设）不成立，不是效度有问题，就是理论有问题，或两者均有问题。现举一个例子来说明：从现代智力理论，可以推论出四项有关主要功能上的假设：a. 智力随年龄而增长；b. 智力与学业成就有密切的关系；c. 智商是相对稳定的；d. 智力受遗传的影响。于是针对智力的心理功能，根据上述假设编制智力测验，而后对测验实施所得资料加以分析。如果测验分数随年龄而增加；智力与学业成就之间确有相关存在；智商在一段时间内保持相对的稳定性；同卵双生子的智力之相关高于一般兄弟或姊妹，那么，这些实际研究的结果就成为肯定这一测验结构效度的有力证据。由此可见，结构效度的检验方法，并没有单一的适当方法，它需要从许多种不同的资料来源中逐渐积累证据。问卷结构效度分析的常用方法有两种：探索性因子分析、验证性因子分析。

三、信度与效度的关系：

◆ 信度高，效度不一定高（或效度不一定低）
◆ 信度低，效度一定低
◆ 效度高，信度一定高

[①] 杨国枢，文崇一，吴聪贤等. 社会及行为科学研究法［M］. 台北：东华书局，1984.

◆ 效度低，信度不一定低（或信度不一定高）

◆ 信度是效度的必要条件

◆ 效度是信度的充分条件

◆ 信度是效度的必要不充分条件

◆ 效度是信度的充分不必要的条件

◆ 有效度，一定有信度

◆ 有信度，不一定有效度

第三节 难度和区分度

一、难度

(一) 难度的含义和是非题计算公式

1. 难度的含义

难度是指试题的难易程度。

对于考生的答案只能有正确或错误两种可能的是非题（如答对一道小题得 1 分，答错得 0 分），这类试题的难度的计算方法有两种：一种是以通过试题的人数与总人数之比来表示，即：通过率：

$$P = \frac{R}{N}$$

式中 P 为难度指标，R 为通过试题的人数，N 为总人数。

另一种是所有参与者的总分按由高到低顺序排列，取得分最高的 27% 和得分最低的 27% 分别形成高分组和低分组，然后以高分组和低分组某题目答对人数比率的平均数作为该题的难度指数。用公式表示为：

$$P = (PH + PL)/2$$

式中，PH 表示高分组某题目答对的人数比率；PL 表示低分组某题目答对的人数比率。

例如，740 名高三学生的参加物理考试。将成绩最高的 27%（200 人）定为高分组，成绩最低的 27%（200 人）定为低分组。对于某道题，高分组 200 人中有 180 人答对，低分组 200 人中有 80 人答对，则

$PH = 180 ÷ 200 = 0.9$，$PL = 80 ÷ 200 = 0.4$。

$$P = (0.9 + 0.4)/2 = 0.65$$

由此可见，P 值越大，说明通过这道题的人数越多，题目越易；P 值越小，说明通过这道题的人数越少，题目越难。如果一道题的 P 值太大，即大部分学生都能通过，则这道题对于鉴别考生的实际水平无多大意义；同理，P 值太小，大部分考生都不能通过，这道题对于鉴别考生的实际水平也没有意义。一般说来，质量优良的试题，难度应适中。当然，由于考试目的不同，各种考试对试题难度也有不同的要求。

2. 是非题难度系数的校正

对问卷中的选择题，选择正确答案的比率有可能受猜测机遇因素的影响，而使答对该题的人数比率增加，增大题目通过率，在难度系数上体现为 P 值偏大，而实际上 p 值要小于测量值。对题目进行猜测成功的几率与题目所提供的备选项的数量多少有关。备选项数目越少，猜测成功的几率也就越高，难度指数受猜测机遇因素的影响也就越大。为了用统计方法克服多重选择题中猜测机遇因素对题目难度系数的影响，可采用下列公式来对题目的难度系数进行校正：

$$CP = (kP - 1)/(k - 1)$$

式中，CP 表示校正后的某题目的难度系数；

P 表示未校正的某题目的难度系数；

k 表示某题目中备选项的数目。

例如，100 名被试参与某一 4 个选项的单选题，难度系数为 0.8，问：校正后的难度系数是多少？

带入公式：$CP = (4×0.8-1) / (4-1) = 0.73$

校正后的难度系数不仅更科学，而且能将选项不同题目的难度进行比较。例如，一个有 2 个选项的单选题其难度系数为 0.8（校正后为 0.6），另一个有 4 个选项的单选题难度系数也为 0.8（校正后为 0.73），但两个数值相同的难度系数其实际难度并不相同，4 个选项的单选题难度明显大于 2 个选项的单选题。而校正后的难度系数将二者平等化，从而实现科学比较。

3. 主观题难度系数

在实际中，很多考试并不能完全采用客观题，而经常采用的是主观题（即对于考生的答案有多种可能，得分有多种情况的试题，如论述题）。

主观题的难度可用下列公式计算：

$$P = \frac{\overline{X}}{K}$$

式中 P 为难度指标，$\overline{X}$ 为某题平均分，K 为某题满分值。

二、区分度

（一）区分度的含义

区分度是指题目对不同水平考生加以区分的能力。区分度高的试题，对被试者就有较高的鉴别力，优生得分高，差生得分低；区分度低的测试题目，优生与差生的得分无规律或差不多。标准化测验的优秀题目的区分度一般在 0.40 以上，若区分度在 0.29 以下就要改进或淘汰。

（二）是非题区分度的计算方法

对于是非题区分度计算有两种方法：一种是分组法；一种是点二列相关法。

1. 分组法：

将所有考生的卷面分数进行高低排列，以某题分数较高的一半的答对分数比率减去较低一半的比率，即为某题的区分度。同样方法也可以用较高的 1/3 减去较低的 1/3 的比率，以代替一半的比率。另外，还可以用最高 27% 减去最低 27% 比率来计算某题的区分度。用公式表示为：

$$D = P_H - P_L$$

式中，D 表示题目的区分度或鉴别指数；

P_H 表示高分组某题目答对的人数比率；

P_L 表示低分组某题目答对的人数比率。

2. 点二列相关法：

一道题目的区分度是以考生在该道题目上的得分和他们在整份考卷上的分数之间的相关系数来表示的。以这种方法表示的区分度有一个理论假设；测试题作为一个总体能够反映出被测者的真实水平，但个别题目的得分容易受偶然误差因素的影响。全部题目的相互作用可使偶然误差抵消。因此，整份考卷测试的结果是可信的。

客观题可用点二列相关作为计算公式，计出区分度：

$$r_{pq} = \frac{\overline{Y}_p - \overline{Y}_q}{S_y}? \sqrt{pq}$$

式中　r_{pq} 表示点二列相关系数；

　　　$\overline{Y}_p$ 表示通过某道题的考生的整份考卷卷面分数的平均数；

　　　$\overline{Y}_q$ 表示未通过某道题的考生的整份考卷卷面分数的平均数；

　　　S_y 表示所有考生整份考卷卷面分数的标准差；

　　　p 为某道题的通过率；

　　　q 为某道题的未通过率。

（三）主观题题区分度的计算方法

由于题目分数和总分分数均为正态连续变量，主观题的区分度，可以用被试在某题上的得分与其总分之间的积差相关来表示。其计算公式有下列三种形式。

主观题区分度可用以下公式计算：

$$r_i = \frac{\sum [(X_i - \overline{X}_i)(X_t - \overline{X}_t)]}{N \cdot S_{xi} \cdot S_{xt}}$$

式中　r_i 为第 i 题的区分度；

　　　X_i 为第 i 题的原始分数；

　　　$\overline{X}_i$ 为第 i 题的平均分；

　　　X_t 为考生的卷面分数；

　　　$\overline{X}_t$ 为考生卷面分数的平均分；

　　　S_{xi} 为第 i 题的标准差；

　　　S_{xt} 为卷面分数的标准差；

　　　N 为考生数。

三、难度和区分度的几对关系：

（1）难度与区分度的关系：

难度太大、太小都会降低题目的区分度，区分度大，意味着考生得分分布广，方差大。当难度系数为 0.5 时，方差最大，区分度最好。

（2）难度与分数的分布关系：

题目总体较难，则分数分布呈正偏态；题目总体较易，则呈负偏态。

（3）难度与测验目的的关系：

◆ 不是所有题目难度都为 0.5，那样就是双峰分布；

◆ 如果是为了选 20% 的学生，则通过率定位 0.2；

◆ 无论选拔性考试还是达标性（又叫目标性考试）一般要防止学生满分，满分意义不大，因为无法了解学生的最高水平。注释【达标性考试是以教学目标为考查依据，其目的是检查考生是否达到既定的考查标准，其特点是只要考生达到标准，就予以通过的考试。如教学阶段性考试，诊断性考试、毕业考试、各类自学考试、水平考试等。选拔性考试（也叫常模考试），它是依照考试集体的常模（如平均数、标准差以及相对地位量数等）来解释分数的考试。其目的是选拔，特点是区分考生的差异。如高考是典型的选拔性考试。】

第三章　选题和查阅资料

第一节　选题与问题意识

一、教育研究选题的意义

选题体现的是问题意识：即提出一个有价值的问题。科研选题就是形成、选择和确定所要研究和解决的课题。科研选题是科学研究的重要组成部分，它关系到科学研究的方向、目标和内容，影响着科学研究的途径和方法，决定着科学研究成果的水平、价值和发展前途。科学奠基人贝尔纳（ClaudeBernard）认为，课题的形成和选择，无论是作为外部的技术要求，还是作为科学本身的要求，都是研究工作中最复杂的一个阶段。一般来说，提出课题比解决课题更困难。

（一）选题决定研究的意义和价值

科学研究的意义和价值在于实现知识的创新和实践的改善，根据研究问题层次的不同，教育学研究的意义和价值体现在两个层面：一是在一般理论意义和普遍性层面的实践价值，表现为创造新的教育思想和理论，有助于指导和解决教育实践中的一些普遍存在的问题；二是在个体（学校、教师和学生等）实践层面的理论意义和实践价值，包括教育实践理念的更新、观念的变革和实践的改善或革新。任何一项研究要获得上述意义和价值，都离不开正确合理的选题，因为选题是教育研究的第一步，选择了课题也就意味着确定了所研究的问题、目标和基本内容，所选择的问题是否是真问题，是否具有新意，直接决定了课题研究成果的意义和价值。按照吴康宁教授的观点，判断教育问题真假的一种外在的、客观的标准是教育研究能否满足发展教育理论或改善教育实践的迫切需要，能否根据这些需要来确定研究问题，凡是能够从现实迫切需要出发研究的问题是真问题，反之，不从发展教育理论或改善教育实践之迫切需要出发的所谓研究问题都是假问题。① 显然这是一种实用主义的标准，依照这种标准，能否选择一个"真问题"作为研究课题决定着研究成果的现实意义和实际应用价值。而要使研究成果具有较大价值，选择研究的问题不但要"真"而且要"新"，只有选题具有新意，研究的成果才更可能有创新，从而真正地为教育理论的发展和实践的改善作出贡献。

（二）选题关系教育研究能否进行

在申报课题和各种学位论文开题、答辩或评审中，我们常常看到或听到这样一些评述：选题陈旧或没有新意，没有研究价值；有人曾对该问题运用同样的方法进行过相同的研究，研究结论与其相比没有什么新意；这个问题是一个假问题，根本没有研究的必要；选题过大，问题界定过于宽泛，不知道要研究什么；选题具有显著意义，但不具备研究的条件等。如果研究者看到自己的课题申请或毕业论文开题或论文评审获得类似的评价，就会清楚这意味着什么。如果是课题未获批准可能仅意味着研究者没有获得支持；但如果是学位论文，则可能意味着研究者需要重新选题和开题，进而影响到研究者是否能如期毕业或拿到学位。这些例子说明，选题对于能否顺利地开展研究、达到研究的目的至关重要。具体来说，选题对于研究的影响表现在如下一些方面：第一，选题在很大程度上决定初期的研究是否能得到认可或支持，如：前述学位论文的选题好坏决定着是否能得到开题组专家的认可，是否能继续这一问题的研究；如果是申报课题，则关乎是否能得到评审专家的认可和能否获得必要经费的支持。第二，选题影响着研究的过程是否顺利和能否取得如期的成果。一般来说，课题选择得好，可以事半功倍，较迅速地取得丰硕成果；反之，课题选择得不好，往往会使研究工作受到影响，甚至半途而废，造成人力、物力、财力和时间上的浪费。

（三）选题关系研究者的研究素质

正确的选题有助于研究者确立自身的长期研究方向，形成自身的研究特

---

① 吴康宁. 教育研究应研究什么样的"问题"——兼谈"真"问题的判断标准［J］. 教育研究，2002，23（11）：4.

色和优势。在当今这样一个知识高度分化、研究专业化的时代，研究者如果要在学术研究上真正取得成果，并最终获得较大成就，就必须把主要精力集中在一两个方向上。有人将研究方向概括为三个层次：一是总方向，二是某学科领域的方向，三是研究者个人的主攻方向。个人的研究主攻方向是受前两者制约的，只有把个人的研究纳入某一具有较强生命力的学科系列中，个人的研究才会得到发展。从确立自身的长期研究方向和重点研究领域，形成自身的研究特色的角度看，对于研究者，尤其是对于研究领域的后来者来说，选择一个研究课题开展研究的过程也是一个选择和确立自身主攻研究方向，积累相关专业知识和研究经验的过程，如果研究者能够找到一个适合于长期从事研究的课题，对于研究素质的整体发展和未来研究成就的取得都将具有重要意义。那些在工作以后能够较快取得研究成果，并在职称等方面获得较快提升的大学教师或科学研究人员，往往是那些在研究生阶段选择了好的研究课题并在工作后继续从事相关研究的人。

二、教育研究选题的原则

(一) 价值性原则

研究问题的意义和价值是确立选题的重要依据，它制约着选题的根本方向，教育研究选题的第一条原则是选择的研究课题要有价值。这包括以下三个方面：

一是理论价值（理论意义）。这是指所确定的课题应符合教育科学自身发展的需要，有利于建立更为科学的教育理论体系。这类课题要求在教育理论上有所突破或者有重要的补充和完善。

二是应用价值（实践意义）。这是指所确定的研究课题应符合社会和教育事业发展的需要；有利于提高教育质量，有利于青少年儿童的发展，有助于解决教育发展过程中出现的各种问题，研究成果应对教育改革与发展有直接的指导意义。

三是综合价值。这里指兼具应用价值和理论价值，当然，既可以侧重于理论价值，又可以侧重于应用价值。

(二) 科学性原则

所谓科学性原则，是指所选课题必须符合最基本的科学原理，遵循客观规律，具有科学性，既要保证研究结果的先进性和实用性，又要保证研究结果的科学性和可重复性。选题的科学性表现在选题要有明确的研究目的和指导思想，要有一定的理论依据和事实或经验支撑。

选题的科学性具体表现在以下几个方面：

一是选题要在充分占有资料的基础上形成。在综合分析这些研究成果的基础上，提出研究问题的思路和重点，明确所要解决的主要问题。

二是选题要有事实依据，这是选题的实践基础。研究课题应具有很强的针对性，以教育改革实践为基础，实践经验或改革需要为课题的形成提供一定的依据，保证课题所研究的问题是一个"真问题"，同时有助于课题的合理分解和正确定位。

三是选题要以教育科学理论为依据，这是选题的理论基础。教育科学理论将对选题起到定向规范、选择和解释的作用。没有一定的科学理论为依据，容易造成选定的课题的起点低、盲目性大等问题。

（三）创新性原则

所谓创新性原则，即要求选题本身具有先进性、新颖性、独创性和突破性。要选择前人未曾解决或没有完全解决的问题，要立足于理论上的创新、方法上的创新，更要善于开展原创性创新，要做到这一点，就要把研究课题的选择放在总结和发展过去有关学科领域理论和实践成果的基础上，没有这个基础，任何新发展、新突破都是不可能的。科学上的任何重大成果，几乎都是科学工作者在前人工作成果的基础上一步步取得的，即使是被人认为非常新颖的研究成果，第一次开辟的新领域，也仍然有以前或同时代的人的工作提供的条件。因此，要通过广泛深入地查阅文献资料和调查，搞清所要研究的课题在当前国内外已达到的水平和已取得的成果，了解是否有人已经、正在或者将要研究类似的问题，如果要选择同一问题作为研究课题，这就要对已有工作进行认真审视，从理论本身的完备性、研究方法的科学性高度进行评判性分析，在此基础上，重新确定自己研究的着眼点。只有在原有研究成果基础上的突破和创新，才具有研究的意义。

（四）可行性原则

所谓可行性原则，是指研究者选择的课题必须是力所能及的，并拥有研究所必需的主客观条件。具体包含以下两个方面：

一是客观条件。研究的客观条件包括与课题相关的资料、设备、时间、经费、测试工具与手段、技术、人力、理论准备、指导等方面的条件，同时也包括进行课题研究的科学上的可能性。选择课题时，在认定研究问题的意义价值的基础上，要充分考虑是否具备或者是否能够获得这些条件，否则可能影响研究的顺利进行或者是根本无法开展研究。

二是主观条件。包括研究者本人与课题研究相关的理论知识基础、课题研究能力、经验和专长、已有的研究基础等。具体来说，研究者若想顺利开展课题研究，必须掌握相关的理论与方法，必须保证拥有所需要的时间和精力，必须要有必要的经验和积累。

总的来说，每个研究者都会有自己的专长领域，最好去选择那些能发挥自己优势特长的课题。奋斗在教育一线的教育工作者具有丰富的经验，适合于进行实践性较强的研究，而对理论性较强的基础性研究问题就不一定适合。而擅长于理论思维的工作者，就可能选择理论性较强的问题进行研究。当然在现实的教育改革背景下，更需要不同背景和不同知识结构的人进行合作研究，集体攻关，共同解决较复杂、综合性的问题。对于研究领域的新手来说，譬如硕士研究生，由于其开展研究的重要目标之一是培养自身的研究专长，提升自身的研究素养，因此可以考虑自己感兴趣的课题，因为兴趣是最好的老师。

二、教育研究选题的主要来源

所谓选题的来源主要回答的是从什么地方和通过哪些途径去寻找或选择研究课题。从广义上说，任何教育问题和与教育相关的问题都值得关注和研究，都可以成为教育研究的选题，它们广泛存在于教育理论研究、教育实践、教育与外部社会关系等领域之中，因此教育研究选题来源十分广泛，而选题的途径和方式也多种多样。

（一）寻找和选择问题

1. 社会变革与发展的新要求

教育与社会发展存在着复杂的互动关系，教育必须适应经济社会的发展是教育与社会关系的基本原则，通过教育促进社会的和谐发展与全面进步是教育的基本职责。因此，关注社会变革与发展对教育提出的新要求，探寻和解决改革发展中迫切需要解决的重大教育问题、教育事业发展急切需要解决的问题等是教育选题的重要领域。如：在我国由计划经济向市场经济转变的时代背景下，高等教育管理体制的改革问题；高校与市场、政府等的关系问题；在由传统经济向知识经济转型的时代背景下，创新型人才的培养问题；各级教育人才培养模式的改革问题等。由于这些领域的问题一般比较宏大，多数研究属于基础性或基础应用型研究，比较适合专门的工作者和高校从事教育理论研究的教师来研究。

2. 学科理论深化拓展或转型

教育问题的高度复杂性、教育实践的丰富性，以及由教育的外部适应性带来的不断变革等特点决定了教育学科理论是一个持久开放、多元，需要不断更新发展的领域，是教育选题的恒久所在。提出教育学科理论课题，不但要揭示已有理论同经验事实的矛盾，而且要揭示理论内部的逻辑矛盾；不但包括学科系统规划建设中的若干未知的研究课题，而且包括对已有教育理论传统观念和结论的批判怀疑，以及学术争论中提出的问题。以德育研究为例，围绕德育本质与功能问题，可以形成系列研究问题，如：马克思主义德育思想研究，学校德育的社会统一要求与发展个性关系的研究，"德育"与"品德"概念的界定，德的实体性、社会性、历史性和阶级性，我国德育中的思想教育、政治教育、法制教育、道德教育和心理健康教育，德育对个人发展的工具价值与目的价值，德育方法论的研究等。

另外，教育学科的发展是建立在不断借鉴和吸收其他学科发展成果的基础上的如赫尔巴特将教育学建基于哲学和心理学基础之上，实现了教育学科发展的质的飞跃。在现代科学太综合发展趋势下，教育科学与哲学人文科学、社会科学、自然科学领域渗透交叉中进行多向综合而产生的诸如教育哲学、教育社会学、教育生态学教育人类学、教育美学、教育法学教育评价学、教育技术学等新学科研究领域，以教育作为共同的研究对象，运用多学科的理论和方法，使研究得到了有效的深化。

3. 教育实践中发现和提出问题

理论来源于实践，教育实践是教育理论的孕育场，是教育理论的最终归宿，教育实践中既存在值得研究的教育基本理论问题，同时又存在着大量的以提升效能为目标的教育实践改革问题，对这些问题进行适当的筛选、提炼。就可能形成很好的研究课题，如以揭示教育实践的现实状况为目的的研究课题："学校教师专业发展的状况研究""学校教育评价的现状研究"等。以解决教育实践中的问题和改善实践为目标的研究，如"减轻学生过重课业负担的问题研究""学生思想品德状况、形成原因及对策研究""社会环境对青少年影响的分析和对策研究""品德后进生转化教育的研究"等。2014年教育部的一些重大研究课题来自教育实践领域，如"学生学业水平考试和综合素质评价改革研究""高考改革试点方案跟踪与评估研究""义务教育均衡发展监测制度研究"等。除以上两类课题外，还有一类有关具体教学和管理实践方面的行动研究课题，这些课题可以是如何上好某一堂课、某一评价学生的方法、某一教学方法的应用等。这些课题的目的在于改善教学和管理实践，问题具体，非常适合一线教师来做。这类课题一般可以由教师在对自己的教学与管理实践的经验反思中提出，但要课题得到外部的认可和支持，需要选择的问题具有一定的普遍性、代表性。

（二）发现课题的途径

1. 教育研究文献的分析

通过查阅文献、资料，可以了解相关领域的研究成果、现有水平、动向、存在问题和趋势，从中可以发现知识的空白点或矛盾冲突区。另外可从一些学术论文或研究报告的总结、讨论部分中发现值得研究的问题。因为许多学术性论文会在这一部分对自身研究的不足或需要进一步研究的问题作出交代。

2. 国外新教育思想研究

这包括对世界教育科学发展潮流及趋势的分析以及引进国外新的教育思想和理论。既有对某学派理论的系统研究，如杜威、皮亚杰、布鲁纳、奥斯尔、斯金纳、赞可夫、巴班斯基等人的教学理论，又有对西方课程理论、伦理学理论，社会学理论等不同观点及研究方法的评价分析。结合中国实际确定若干专题研究。

3. 教育现象观察与反思

日常观察是发现教育问题，提出研究课题的重要途径，尤其是对于广大一线中小学教师而言，教育活动日复一日年复一年地进行着，伴随一定的变革，但总体处于一种稳定性、重复性的态势。在这种常规性、稳定性的背后实际上隐藏着大量的可供研究的问题，譬如不同班主任所带的班级常常差别很大，有些班主任所带的任何一个班级都会有很好的表现；这些班主任就是很好地进行个案研究的题材。再如，每个班都会有后进生，尽管每个后进生的个人情况不同，但他们都会有一些共同的特点，针对这一现象可以产生两类课题：一类是以每个后进生为研究对象，进行以帮助其改进和提高为目的的行动研究，这类课题尽管研究样本小，研究的措施和手段只是针对某个个体，却意义重大，因为它可能因此而改变某个已经失去学习兴趣和信心的孩子的一生。如果每个教师都能够这样做，那么我国学生队伍中的后进生将大大减少，教师队伍的素质也将大大提升。另一类可以以所有后进生为研究对象，揭示后进生的一些共性特点，以及影响他们进步的共性因素等。在现实的教育实践中类似课题有很多，需要教师拥有问题意识和发现问题、提出问题的能力。

4. 理论学习与广泛阅读

理论学习不仅可以丰富知识，同时也是寻找和发现研究课题的来源，任何一门理论知识，都不是尽善尽美的，都存在一些需要完善、充实和发展的地方，因此，人们在学习学科的理论或阅读一些研究成果的过程中，就可以受到启发，发现值得进一步研究和思考的问题。对这些问题进行分析提炼，就可能形成研究的课题。因此，在阅读研究论文时，既抱着学习的态度，又进行批判性的评价，便可以从中发现某些不足或值得进一步探索的问题，有些研究论文本身在后面就提出了一些值得研究的问题。

5. 学术交往活动中吸取

个人的智慧是有限的，一个人所想的问题往往也比较狭窄。在科学研究的过程中，人们有时通过某种形式的交往获得一些信息。因此，各种形式的交往也是发现问题的一种途径，如可以从参加学术活动中获得启示。研究者可以通过参加学术会议，从与他人的思想碰撞中获得启示和灵感。广大教师可以在与同行的交流中获得启发。

6. 留意他人的研究成果

譬如，可以对他人研究过的课题进行重复性验证研究，如验证一个典型的研究所发现的结果的信度，或是通过利用不同样本检验研究结果的效度等。对于社会科学研究而言，对同一个课题在不同的样本、地域、文化背景等方面进行研究也是同样有意义的。在教育研究中设计一个操作性很强的研究课题，并不是一件容易的事情，如果选择一项重要的实验课题进行重复性研究，就会省去许多前期的工作，使研究能够顺利地进行。另外，可以通过关注、留意他人研究中的"特殊事件""意外事件"获得新的课题研究线索。

7. 咨询专家或有关部门

由于专家对教育学科的发展历史、现状、存在的问题和发展趋势有着比较全面的了解，因而向他们咨询有助于获得一些前沿的或有待研究的课题。例如，研究生可直接向导师咨询自己的论文研究课题；在当前中小学与大学关系日益密切的情况下：中小学教师可主动咨询大学的相关专家来获得研究课题。以上途径需要注意的是，研究者首先需要对一些问题进行较为充分的前期研究和思考，这种咨询才会有效，否则即使专家给出了一个好的题目，也不一定适合。

三、教育研究选题的策略与方法

教育研究的选题可以遵循一定的思维策略或方法，通常人们主要采用以下几种：

（一）比较策略与方法

所谓比较策略，就是以事物二者之间的相似性为前提，通过比较的视角来发现问题、确定研究课题的思维方法。其中可以是纵向的历史比较，可以是横向的国家之间或国家内部地区之间的比较；也可以是具有相似性的不同类别事物之间的比较（类比策略）等。以上策略运用的例子很多。就纵向的历史比较而言，如可以从中华民族绵延数千年的发展的纵向比较中，提出"中国传统教育在文化传承中的作用"等问题；可以从美国高等教育二百多年发展的纵向比较中提出"美国高等教育持续不衰的秘诀是什么？"等课题。就横向的比较来说，如可以从世界高等教育多个成功经典案例的比较中来提出"成功高等教育管理的必要范畴"等问题，这些经典案例可以是中国历史上的"稷下学宫"、欧洲古代的"亚历山大大学"、德国19世纪初的"柏林大学"等；也可以从各国经济的GDP总量与高等教育规模的比较中探求经济发展与高等教育发展的关系，或者是从儒家文化圈各国的教育比较中去研究分析高等教育管理的有效经验。

类比策略即通过对比两类事物之间的异同，或借用其他学科领域中的原理、技术、方法等；以产生本学科研究中的新问题的一种思维策略。此种思维方式的特点是从对其他事物或学科的研究中得到启发；创建新的研究视角。

捷克教育家夸美纽斯于 17 世纪所著的《大教学论》就以类比教育现象和自然现象为基础，根据自然规律提出了一系列的教育原则。在夸美纽斯看来，人类是自然的一部分，因此人类的成长必然遵循自然规律，而作为模仿自然艺术的教育也必将遵循自然规律。

（二）批判策略与方法

所谓批判策略，亦称为对立思考策略，是指研究者用质疑、批判的态度去重新看待熟悉的事物，从相反的方向怀疑它们的合理性，寻找反驳它们的突破口。可以说，对习以为常的现象重新审视、产生怀疑是构建研究问题最为简便也最为常用的思维策略，它能唤起人们对事物合理性的重新审视和思考，能在原以为看似没有问题的地方发现的新问题。运用这种策略所获取的课题往往具有很强的挑战性和颠覆性。然而，批判并不等同于随心所欲地胡乱猜疑，而是需要有所依据，否则提出的问题就不具有研究价值。可以作为批判依据的主要有两个方面：一是事实和经验，二是逻辑依据。前者可以发现与现有结论或常规不一致甚至相左的地方，从而产生进一步研究的方向，如有关强化和重复对于知识掌握的有效性就源于经验，然而应当如何进行强化和重复，需要强化和重复多少次，何种形式的强化和重复的效果最佳，学习者个体间强化和重复的差异有多大，为何有些知识无须强化和重复便可终身记忆，而有些知识却需要反复强化和重复诸如此类的问题都是通过对经验的质疑而产生的。若从逻辑角度出发，则可以对概念表述的科学性及与相关概念的区分性进行推敲，也可以对理论结构在逻辑上是否存在错误或混乱现象进行分析，由此产生新的研究问题。如关于教师为主导、学生为主体的逻辑性就值得推敲；若教学双方皆为主，那么哪一方为辅？教学实践究竟应以哪方为主？若双方都为主，在实际教学中应当如何操作？此种观点是否正确反映了教学中的师生关系？诸如此类的质疑，都可能形成新的研究问题。

（三）转换策略与方法

转换策略是指研究者从原有结论不同的角度进行思考，或从不同的层面认识原有的研究对象，从而获取新的研究问题的思维策略。不同于批判性思维策略，转换策略不以否定原有结论为前提，而是摆脱以往的思维定式和已有知识的影响，另辟蹊径。正如皮亚杰所指出的，人类认识只能无限接近所反映的事物，但永远无法达到事物本身。人类总是基于某种视角来看待事物，认识的视角不同得出的结论常常也会不同，这些不同的结论并非排他的，非此即彼的，就如盲人摸象中盲人们对大象的认识只是分别反映了事物的某个方面，而将这些不同视角下获得的认识综合起来就更能够获得对事物的全面认识。因此，转换不同的视角来提出教育研究问题不但是可行的而且是必要的。在教育研究中，通过转换思维角度的方式提出研究问题的例子很多。譬如，在师生关系的研究中，初期人们从知识的授受关系的视角看到的是一种主客体的师生关系，教师是雕刻家，学生是要被雕刻的玉，高明的教师拥有金手指，学生是蒙昧的待点化的石头；后来随着视角的转换，学生学习的主体性受到重视，师生关系转变为教师主导和学生主体关系；再后来，人们从交往行为理论中对话交往的视角出发，提出了师生互为主体性的关系论题。再如，传统上人们习惯于从单一的视角去研究高等教育管理问题，有学者认为高等教育管理活动非常复杂，涉及领域广泛，需要运用多学科的视角来看待高等教育管理问题，以此提出了"多学科视角下的高等教育管理研究"课题等。

（四）迁移策略与方法

迁移策略，有人亦称为移植思考策略，是指将某个领域的原理、技术、方法引用或渗透到教育领域从而产生新课题的一种思维策略。这一策略在教育问题的研究中运用得非常普遍，赫尔巴特将哲学思想和心理学原理运用到教育问题的研究中，初步奠定了教育学的学科基础；杜威基于实用主义的哲学思想来审视研究教育，产出了《民主主义与教育》等多部鸿篇巨制；美国学者伯顿·克拉克（BurtonR. Lark）将系统论思想运用到高等教育研究中来，提出了高等教育系统论课题，对高等教育系统进行了全面而深刻的研究，他的研究成果《高等教育系统》一书对世界高等教育的发展产生了深远的影响。当前在教育学科庞大的体系中，教育哲学、教育社会学、教育经济学、教育文化学、教育人类学、教育心理学等分支学科都是通过将相关学科的原理、技术、方法运用到教育领域而建立起来的。

第二节　建立假设

一、假设与问题的陈述

假设是对问题的结果、某些现象的性质、两个或多个变量之间关系的推测或猜测。研究假设是根据一定的科学知识和事实，对所研究问题的规律或原因作出的一种推测性论断和假定性解释，是在进行研究之前预先设想的、暂定的结论，是对研究涉及的主要变量之间相互关系的设想，具有假定性和科学性特点。从性质和意义上来说，假设是有待验证的理论，理论则是已经证实了的假设。假设是通向理论的桥梁，是理论的先导。提出假设不是教育研究的最终目的，而是为上升到理论做准备。

一般地说，假设具有理论的某些特征。理论通常被认为是关于某一现象的一系列概括。这样，一个理论就可能包括几个假设。

判定假设是否真实可靠，叫假设检验，检验的结果不是支持假设就是否定假设。假设应达到以下四条标准：

（1）说明两个或两个以上变量间的期望关系；

研究假设陈述的是变量之间的关系，研究假设涉及的主要变量包括自变量、因变量和无关变量。一个研究假设必须揭示两个变量之间的关系。如果教育研究涉及多个变量之间的关系，研究者应将变量一一对应地分成几组假设。如研究者拟要研究教师的文化程度和教学经验与幼儿认知水平的相互关系，这里涉及两个自变量（教师的文化程度、教师的教学经验）和一个因变量（幼儿的认知水平）共三个变量，表述假设时就不能将三个变量混在一起——"教师的文化程度和教学经验与幼儿的认知水平呈正相关"，而应将三个变量分为两组假设分别进行验证，"教的文化程度与幼儿的认知水平呈正相关"；"教师的教学经验与幼儿的认知水平呈正相关"。

（2）研究者应有该假设是否值得检验的明确的理由，这一理由是有理论的或事实的依据的；

（3）假设应是可检验的；

（4）假设应使用陈述句、具体简洁。

研究假设是研究者对研究结果的预先设想，是一种可能的解释和说明，因此表述研究假设必须使用陈述句，而不能使用疑问句。具体简洁是指准确描述研究中的具体问题，不能太广太泛。例如这个假设："聪明的学生对学校的态度好"。"聪明"、"好"和"态度"等就是典型的、笼统粗略而不针对具体研究问题的词。"聪明"与"好的态度"之间隐含着某种模糊的关系，因而对研究没有什么指导意义。如果把陈述变换成下面的假设：在 9~11 岁的学生中，智商（IQ）得分与 X—Y—Z 态度得分之间存在正相关。这个假设的陈述就包含一个期望的关系并且该关系是可检验的。

二、假设的种类和形式

从广义上讲，研究者使用的假设有两种：研究假设和统计假设。

研究假设也叫做实质性假设，例如，"在小学随着严厉惩罚方法使用的增加，学生的成绩将下降"。在科学教育研究中，则可以有这样的研究假设："做实验的教学方法与局限于讲课、讨论以及解决理论问题的教学方法相比，更能促进学生理解科学的过程。"

统计假设是统计学的术语，它是推断性统计中关于研究对象总体测量结果的一个或多个参数的描述。通常是无差异或无关系的假设，即假设两个总体平均值没有差异，两个变量没有关系，因此，也称为"零假设"。

在运用推断统计方法检验假设时，直接接受检验的假设是零假设，而非备择假设和研究假设。根据获得的有代表性的、可靠的数据资料的统计检验结果。如果零假设可以被拒绝，备择假设则可成立，如果样本描述统计结果仍反映出研究假设所期望的结果模式，我们就可认为研究假设成立。如果零假设不能被拒绝，只能被接受，则备择假设不能成立，而且研究假设也不能成立。假设也可以区分为定向假设和非定向假设。定向假设示意结果有一定的趋向，非定向假设则没有示意结果的趋向。

第三节　文献查找

一、文献的含义

中华人民共和国国家标准《文献著录总则》关于"文献"的定义是：

"文献：记录有知识的一切载体。"在这一定义中，有两个关键词："知识"是文献的核心内容，"载体"是知识赖以保存的物质外壳，即可供记录知识的某些人工固态附着物。

二、文献的分类

根据文献的加工程度，可分为一次文献、二次文献和三次文献。

一次文献又称原始文献，是以作者本人的实践为依据而创作的专著、论文、调查报告，实验报告、档案资料等原始资料。此类文献通常能较具体地反映事件发生的时代背景和环境状态，具有创造性，参考和借鉴的价值很高。不过一般储存分散，不够系统。

二次文献又称检索性文献，是将分散的一次文献进行加工整理，使之系统化、条理化的检索性文献。一般包括题录、书目、索引、提要和文摘等。二次文献是重要的检索工具。

三次文献又称参考性文献，是指在利用二次文献的基础上，将某一范围内的一次文献进行广泛深入的分析研究之后综合浓缩而成的参考性文献。包括动态综述、专题述评、学科年度总结、进展报告、数据手册、年度百科全书以及专题研究报告等。

三、收集文献的方法

顺查法，即按照时间顺序由远到近进行检索，这种方法查全率较高，但是费时费力，工作量特别大。

逆查法，即按照时间顺序由近及远地进行检索，查阅到所需要的文献即止。这种检索方法节约时间，而且能够查找到相对较新的文献，但是查全率比较低。

追踪法，又称滚雪球法，即根据文献后面所附录的参考文献为线索，进行进一步查找。这种方法较为便捷，针对性较强，但是获得的文献往往不够全面，容易漏检，查全率偏低。

四、查阅文献的价值与方法

（一）查阅文献的意义和价值

查阅文献不仅会帮助研究者更深刻地理解所要研究的问题，而且还可能会大大缩减研究中其他各阶段的时间。为了帮助研究者更好地理解这一点，我们下面来讨论查阅文献对于科学研究来说的意义和价值。①

1. 重新界定问题和假设

在没有充分了解研究现状的情况下，自己最初选择的课题及具体问题，可能别人已经做了很好地解决或部分解决，如果不能根据别人已经做过的研究来修改自己的研究课题，自己所做的研究极有可能是重复研究，对教育理论和教育实践的发展没有太大的贡献。通过查阅文献，你可以确认在自己所感兴趣的领域中哪些研究已经完成，哪些问题的研究还有待继续深入下去，哪些问题的研究需要从另外的视角去展开。例如，你关心"如何培养学生的学业自我效能感"，通过查阅文献，你发现，有人已经对"如何培养小学中年级学生的学业自我效能感"进行了实验研究，而且成果喜人，验证了一些策略、方法和措施的有效性。但是你也发现，"如何培养初中生的自我效能感"尚未有人开展实验研究，你就可以将"培养初中生学业自我效能感的实验研究"作为自己的研究课题，并根据初中生的学习特点，修订别人提出的培养策略、方法和措施，将"它们可以提高初中学生的学业自我效能感和学业成绩"作为自己的研究假设。

2. 寻求研究方向新思路

在查阅文献时，你应该确认在你所感兴趣的领域中哪些研究已经完成，应该能够敏感地意识到某些被忽略的可行研究也是同样重要的。你独特的经验和背景很可能使你看到其他研究者不曾看到的一面。这些新观点最可能在那些几乎未做任何研究的领域中出现。但是，你也应注意，即使在研究较多的问题领域中偶尔也会有人想出独一无二、富有创造性的方法。例如，有一位博士生——伊莎贝拉·亨德尔森（Isabella Henderson）曾做过"学校改进与变化问题的研究"。他发现这个研究领域有一种研究方向，这种

---

① 陈国庆，诸东涛，周龙军. 教育科研方法［M］. 武汉：华中师范大学出版社，2018.

研究方向曾试图去理解指定的"变革代理人"的工作，这些"变革代理人"的职能在于推动一个组织的变革过程。亨德尔森对以前的关于教学人员、管理人员、师资培训专家以及课题合作者作为变革代理人的文献进行了研究。然而，她特别感兴趣的是那些被委任在加拿大某省协助完成一个新的史地课程任务的中学学科组长们。但是，在查阅文献中，亨德尔森几乎没有发现任何关于学科组长的研究，也没有发现对他们作为变革代理人的可能作用进行的研究。她意识到把这个群体定义为变革代理人，用变革代理人研究中已经形成的方法论来研究他们将开辟一条调查的新思路。由亨德尔森查阅文献获得的顿悟所进行的研究产生了对高校系主任的新认识。此外，亨德尔森的发现为有关变革代理人的研究结果提供了重复测试方法。而这些研究结果又正是从以前的对其他类型教育变革代理人的研究中积累而来的。

3. 避免无效的研究方法

在文献查阅中，务必注意那些你的研究领域中已经证实无效的调查思路。例如，在文献查阅中有时发现在一段时间内，即几年中所进行的一些相类似的研究，这些研究采用大致相同的研究方法，并且都未能产生有价值的实验或相关结果。一两种关于介入或假定关系的进一步测试可以证实先前的研究结果毫无价值。然而其他的研究也没有起到任何有效的作用，仅仅表明研究者没有进行充分的文献查阅和综述。

4. 获得有效的研究方法

一些人在查阅研究报告时常犯一个错误，就是只关注报告结果而忽略其他的一切。这是一个错误，因为报告中的其他信息可能有助于你的研究设计。例如，沃尔特·R. 博格（Walter R Berg）做过一项研究——测试培训在职教师使用指定的课堂管理技能的程序。虽然在一周的指导和实践之后教师们可能学会使用套三种特定的技能，但他们应用技能还很不熟练、很不自然。因为这个发现，训练项目得到改进，增加了四周时间。在多增加的四周里，教师们实践他们先前学过的技能。这一修改使得教师的表现更好。在这次研究中获得的方法、思路可能对其他改进教师课堂技能的设计和测验项目感兴趣的研究者来说是颇有借鉴意义的。

5. 识别进一步研究建议

很多研究者经常在他们的论文或报告结尾处附上由他们的研究所引出的需要讨论的问题和其他可以进行研究的建议。这些问题和建议应加以仔细考虑，因为它们代表着研究者对一个特定问题进行大量研究后才获得的思考。一些博士生就是通过阅读这些研究报告中的问题讨论获得了他们毕业论文的课题。

6. 寻求建立新理论支持

许多研究是为了测试和验证已经形成的用于解释学习进程或其他教育现象的心理学或教育学理论而设计的。巴尼·格拉泽（Barney Glaser）建议研究也可以这样设计：首先搜集数据，然后根据数据得出理论。这样得出的理论根植于数据，故被称为植根理论。巴尼·格拉泽建议那些打算使用背景理论方法的研究者不要首先查阅文献，因为他们很可能受其他研究者理论的影响而无法从新的视角看待他们的数据。巴尼·格拉泽介绍了这种方法："我们首先搜集研究领域的数据，然后开始分析并得出理论。当理论看上去论据充分、引申有力时，我们再查阅相关文献并通过观点的汇合把理论与文献联系起来。因此，该领域的学问研究只有在出现的理论得到充分发展之后才开始。这样，该理论就不可能是通过预先取得的概念而设想出来的。"在研究者形成了植根理论之后，以这种方式所做的文献查阅可能会支持该理论，可能会使他们怀疑自己或他人的理论，也可能会使他们提炼理论、发展观点以便进一步研究。

7. 避免研究中出现差错

在阅读研究文献时，特别是进行批判性阅读时，研究者经常会发现一些研究报告中出现这样或那样的差错。能发现这些差错，说明你阅读文献的水平已经有很大提高，你在研究过程中也应避免这些差错的再次发生。

8. 为结果提供背景材料

在查阅研究文献时，你也会发现，研究文献中的一些理论可能会为你的实验结果或调查结果的解释提供帮助，一些类似的实验或调查结果会为你的结果提供参照，为你的研究结论提供更多的理论支撑和数据支持。

9. 报告或论文积累经验

对于从事研究的新手来说，写出有价值的几千字的研究论文或几万字的研究报告，不免会有畏难情绪。如何提高研究和写作技能呢？最好的方法；就是仔细地去阅读几篇高质量的论文或研究报告，借鉴他人的研究方法和文字表达方式。

（二）查阅文献的基本过程和方法

在研究课题已初步拟定以后，研究者可以按照下面六个流程或方面展开查阅和收集文献的有关活动。

1. 列举具体问题的陈述

例如，你的初步选题是"小学语文教学中培养学生创造性思维的策略与方法"，那么，涉及的具体问题可能有：

什么是创造性思维？

小学生创造性思维如何测量？

培养创造性思维的策略和方法有哪些？

有助于培养小学生创造性的语文教学策略、方法、措施有哪些？

2. 列举相关主题词或词组

根据上述问题，可以确定的主题或词组就有：小学生创造性思维的培养、创造性思维、创造性测验、培养策略和方法等。

3. 查阅初步资料

初步资料是指文献的印刷版或电子版的文献索引，一般包括文献的作者、篇名（或书名）、出版信息等。查我初步资料是查阅原始材料的以经环节。可以想据事先确定的主题词、关键词或词组，到图书馆或互联网上的专业数据库网站（如中国知网等），查阅与问题陈述相关的书籍、文章、专业论文及其他出版物的目录。在我国，可以利用专业的数据资源网站主要有：

中国国家图书馆·中国国家数字图书馆

维普中文科技期刊数据库

万方数据知识服务平台

中国学位论文全文数据库

方正电子图书

中国报纸资源全文数据库（方正阿帕比）

4. 查阅间接资料

间接资料主要是指一些研究者对某个问题领域的研究文献进行整理、分析后所写的综述，当然也包括一些原始研究报告中引用的其他资料。在查阅初步资料时，可能会发现其他研究者已写过一些相关研究问题与文献评论，这些评论就是间接资料。浏览查到的初步资料，看看是否有相关的间接资料，如果有间接资料，即可将其下载或复印。绝大多数硕士和博士学位论文中，都包括较长篇幅的研究文献综述，通过这些文献综述，可以了解其前的研究状况，获得有助于所研究课题的重要资料信息。当然，其后的研究还需进一步查阅之后的有关文献。

5. 查阅收集原始资料

原始资料是指实际观察或参与某事件的人所写的关于该事件的直接报告。在教育研究领域，原始资料常指一个或多个实际研究者写的研究报告，或研究者关于某一教育现象提出的理论或意见报告。如前所述，原始资料报告的研究发现和理论往往可在很多二手资料中查到。但是，二手资料评论的作者可能会将原始资料歪曲解释，使之与他们自己的观点一致，或者可能省略掉一些读者想知道的信息。因此，在查阅文献时，不要完全依赖二手资料，即使它们看上去全面而新颖。至少应查阅与课题联系紧密的原始资料。

另外，还可以根据自己检索到的文献目录，到当地政府建立的图书馆或学校的图书馆借阅所需要的原始文献资料，浏览之后，如果一份原始资料与所研究课题密切相连，应复印全文。写文献评论时，如果能够参考自己拥有的文献复印件，要比依赖不完整的笔记或返回图书馆重读原文，对进行相关研究来说要方便得多。

可以通过一些研究文献资源的网站下载所需要的期刊论文、学位论文、图书等原始资料的电子版。

可以与出版商（如出版社、报刊杂志社等）联系，购买所需的图书、期刊等资料。

6. 综合撰写文献综述

查阅了所有相关的原始资料与间接资料之后，需要综合所了解到的内容以便写文献评论。撰写文献综述的目的是告诉读者，对于所研究的问题来说，哪些是已知的，哪些是未知的。此外，还需要弄清楚所研究的课题如何与文献中所叙述的现有知识相联系，又如何以它们为基础的。

查阅文献的六个步骤并不总是严格按顺序进行的。例如，当查阅所研究的问题陈述相关的文献时，可能会发现要重新修改陈述，这一做法会将文献查阅引向新的方向。还有，可能会发现初步资料所确认的原始资料和间接资料与所研究问题陈述仅仅间接相关。在这种情况下，就需要回到第一步，试着去找到一种更相关的初步资料。

第四章 教育研究的设计

第一节 抽样

一、总体、样本、抽样的基本概念

(一) 总体

总体亦即研究总体，是一项教育科学研究活动所涉及的研究对象的总和，它是研究者所要研究的具有某种或某些共同特性的个体的总和。例如，我们进行一项"西安市中学生心理健康问题研究"，研究的总体就是所有西安市的中学生。在本例中，构成总体的、把个体联系起来的特征有两个：一是个体必须是中学生，二是学生必须是西安市的。一个学生是中学生，但其不是西安市的，即不是该项研究的对象；同样，一个西安市的小学学生，也不是该研究的研究对象。总体总是包括一定的个体，根据总体内所包含个体的数目是有限的还是无限的，总体可以分为有限总体和无限总体。有限总体是指总体内个体的数目是有限的。无限总体是指总体内个体的数目是无限的。教育研究的总体无论是有限的还是无限的，总体常常都是很大的。因此，教育研究常常采用抽样研究的方式进行研究，这就涉及样本问题。

(二) 样本

样本亦即研究样本，是指从研究总体中抽出的部分个体，是研究者直接观测和研究的对象。研究一般并不对总体内的每个个体都进行观测和研究。但当个体被挑选出来进入研究样本后，研究者就要对进入样本的每一个个体进行观测和研究。样本内所包含的个体数目称作样本容量。根据样本容量的大小，可以将样本分为大样本和小样本。在对数据处理时，以30为标准，容量大于30的样本是大样本，容量小于或等于30的为小样本。但在研究选样时却没有固定标准。研究人员应根据实际的可能性，尽量选取大样本。还需要指出的是，容量大于或小于 30 是指构成总体的个体相对比较单一，如果构成总体的个体比较复杂，则需要增加样本容量。例如，一项研究需要从全国的初中生中抽取一个样本进行初中生的学习动机研究，显然只抽取 30 人不能说是一个大样本，因为包含全国初中生的总体构成比较复杂。

总体和样本之间的关系是一种代表与被代表的关系，样本是总体的代表。抽样研究就是根据对样本的观测和研究，进而对总体做出推论，达到对总体的认识。样本作为总体的代表，有一个代表性高低或强弱的问题，这直接关系到研究的效度。研究人员都希望样本能够很好地代表总体。那么如何提高样本对总体的代表性呢？要提高样本对总体的代表性，可从两个方面考虑：一是增大样本容量，在研究中尽量采用大样本（当然个案研究除外）；二是运用科学合理的抽样方法进行抽样。

（三）抽样

抽样是遵循一定的规则，从一个总体中抽取有代表性的一定数量的个体进行研究的过程。目的在于用一个样本去得到关于这个总体的信息及一般性结论，从样本的特征推断总体，从而对相应的研究作出结论。

1. 选择样本应遵循四个方面的基本要求。

（1）明确规定总体。要从内涵和外延两方面明确总体界限。研究目的决定了总体的范围。研究者准备将研究成果推广到什么样的范围，就应在该范围内抽样。（2）取样的随机性。要尽可能使每个被抽取的个体具有均等的机会。（3）取样的代表性。要尽可能使抽取的样本能代表总体。（4）合理的样本容量。一般来说，样本容量与样本代表性呈现正相关，大的样本更具有代表性。

2. 样本大小的决定因素：（1）研究的不同类型；（2）预定分析的精确程度；（3）允许误差的大小；（4）总体的同质性；（5）研究者的时间、人力和物力；（6）取样的方法等。

根据教育研究的经验，描述研究、调查研究一般取样总体的 10%。调查研究的样本容量一般不能少于 100，最好取样 200。相关、比较研究的满意样本每组至少 30。心理学实验，每组一般不少于 15 人，条件控制不严密的教育实验，最好是一个自然教学班，不少于 30 人。【裴娣娜。教育研究方法导论［M］安徽教育出版社 1995.10. 第一版】也有学者认为总体小于 500

人，取 20% 以上，一般问卷调查中，正式抽样在 350 人以上。[1] 吴明隆 . 问卷统计分析实务 –SPSS 操作与应用 ［M］. 重庆：重庆大学出版社 2010 年 5 月第一版：59.】

从给定的总体确定样本大小一览表

N	S	N	S	N	S
10	10	220	140	1200	291
15	14	230	144	1300	297
20	19	240	148	1400	302
25	24	250	152	1500	306
30	28	260	155	1600	310
35	32	270	159	1700	313
40	36	280	162	1800	317
45	40	290	165	1900	320
50	44	300	169	2000	322
55	48	320	175	2200	327
60	52	340	181	2400	331
65	56	360	186	2600	335
70	59	380	191	2800	338
75	63	400	196	3000	341
80	66	420	201	3500	346
85	70	440	205	4000	351
90	73	460	210	4500	354
95	76	480	214	5000	357
100	80	500	217	6000	361
110	86	550	226	7000	364
120	92	600	234	8000	367
130	97	650	242	9000	368
140	103	700	248	10000	370
150	108	750	254	15000	375
160	113	800	260	20000	377
170	118	850	265	30000	379
180	123	900	269	40000	380

续表

N	S	N	S	N	S
190	127	950	274	50000	381
200	132	1000	278	75000	382
210	136	1100	285	1000000	384
注		N：总体大小		S：样本大小	

除了以上参考抽样样本外，还有一种公式参考法。

N 为总体的样本数，P 通常设为 0.50，因为设定 0.50 时可以得出最可信的样本大小。

若是抽样总体相当大或无限大，样本抽样的大小公式如下：

$$n \geq \left(\frac{k}{\alpha}\right)^2 P(1 - P)（内田治，2007）$$

【注释文献：[1] 吴明隆. 问卷统计分析实务-SPSS 操作与应用 [M]. 重庆：重庆大学出版社 2010 年 5 月第一版：59.】

一般 $N > 10000$ 就是相当大的样本。此时公式简化为：$n = 0.25 (k/\alpha)^2$

α 为显著性水平，一般取 0.05 或 0.01，k 为 $\alpha = 0.05$ 时，置信区间为 0.95，对应的分位数 1.96。$\alpha = 0.01$ 时，k 取 2.58。

例子：我校学生 10000 人，调查其对学校满意度，至少抽样多少？答：370

如果总体是 5000 人，计算为 357，减少 13 人。如果总体是 20000 人，计算为 381，总体扩大了 10000 人，样本才增加 11 人。所以样本的增加量在总体大于某个数值后，增加量并不明显。

若是抽样的总体 N = 10000，则最少抽样样本数为：

$$n \geq \frac{N}{\left(\frac{\alpha}{k}\right)^2 \frac{N-1}{P(1-P)} + 1} = \frac{10000}{\left(\frac{0.05}{1.96}\right)^2 \frac{10000-1}{0.50(1-0.50)}} = \frac{5000}{27.0282} = 369.98 \approx 370$$

3. 抽样的类型

抽样的方法很多，大致可分为两类：概率抽样和非概率抽样。这是两种有着本质区别的抽样类型，概率抽样是依据概率论的基本原理，按照随机原则进行的抽样，强调样本选取对总体的代表性，这样才能通过对样本的研究来推论总体。而非概率抽样则主要是依据研究者的主观意愿、判断或是否方便等因素来抽取对象，它不考虑抽样中的等概率原则，其所获取的样本关键是能提供丰富的研究信息，样本并不具有数理统计价值，当采用有意抽样时，代表性就不能在概率基础上讨论，而是要在逻辑的基础上讨论。如果要推广研究结论，也要根据研究具体情况，讨论研究结果的推广范围。

常用的概率抽样主要有简单随机抽样、等距随机抽样、分层随机抽样和整体随机抽样等；

（1）简单随机抽样通常通过抽签和随机数目表两种方法进行。

（2）系统随机取样，也叫等距抽样、机械抽样。先将总体各个观测单位按某一标志顺序排列编号并分成数量相等的组，使组数与取样数相同。然后从每组中依事先规定的机械次序抽取对象。

（3）分层抽样也叫分类抽样、类型抽样、比率抽样。将总体按一定标准，即单位属性特征（变异度的大小）分成若干层次或类别，然后再根据事先确定的样本大小及其各层或各类在总体中所占的比例提取一定数目的样本单位。即按总体中具有各类特征的对象所占的比例，在总体中随机抽取同样比例的样组成分的取样方法。

分层按比例抽样的步骤如下：

①了解总体中各特征的差别，按特征差异分层，计算每一类别在总体中占的比例；

②根据各层在总体中所占比例，分配各层中每一类别的人数；

③从总体的不同类别的对象中按规定人数在各层中随机抽样取样本。

分类按比例抽样的步骤是：

①按一定的标准把异质总体分成各个同质的类；

②计算各类所占总体的比例及样本所含单位数；

③用随机方法抽取样本，使抽取的样本总体的结构与总体结构相同。

（4）整群随机抽样，又称为整体随机抽样法，是指从总体中选取一个或几个单位整体来作为样本的一种随机抽样法。例如为了考察某一大学本科教学质量情况，可以选取几个学院作为代表来进行考察。

分层抽样要求层间差异大、层内差异小，而整群抽要求群间差异小，群内差异大。

而常用的非概率抽样有方便抽样、定额抽样、雪球抽样、目的抽样等。

（1）方便抽样又称偶遇抽样、便利抽样。在这种抽样中，研究者选择那些最容易接近的人作为研究对象。街头拦访即是这种方法。此法常用于干预试验或预调查时，也可用于调查收尾时补缺。

（2）定额抽样又称为配额抽样。定额抽样是先将要研究的人群按某种特征划分成几个组别，然后按照一定的比例，从每组人群中任意选择一定量的样本作为研究对象。配额抽样和分层随机抽样有相似的地方，都是事先对总体中所有单位按其属性、特征分类，这些属性、特征我们称之为"控制特性"。然后，按各个控制特性，分配样本数额。区别是分层抽样是按随机原则在层内抽选样本，而定额抽样则是通过主观判断选定样本。

（3）雪球抽样是指选择并调查几个具有研究目的所需要的特征的人，再依靠他们选择合乎研究需要的人，以此类推下去，样本就像滚雪球一样越来越大，类似文献查找法里的引文查找法。

（4）目的抽样又称为有意抽样、立意抽样、判断抽样。研究人员依其自己知识和经验，选择代表性样本的方法。其可以细分为强度抽样、最大差异抽样、同质型抽样、关键个案抽样、理论抽样等。

①强度抽样

强度抽样是指抽取具有较高信息密度和强度的个案，目的是了解在这样一个具有密集、丰富信息的案例中，所研究的问题会呈现什么状况。比如，研究者要开展一项"关于城市幼儿教师工作压力的现状研究"，如果研究者选择一个工作压力十分繁重的幼儿园作为个案进行调查，那么该研究者便可以比较充分地了解目前城市幼儿教师工作压力重到什么程度，这么重的工作压力对幼儿教师身心健康有什么影响。

②最大差异抽样

最大差异抽样指的是，被抽中的样本所产生的研究结果将最大限度地覆盖研究现象中各种不同的情况。比如，翻转课堂教学法的效果研究，就要在优生班级和普通班级测试，这样才能看出这种教学方法外部效度有多大。

③同质型抽样

同质型抽样指的是，选择一组内部成分比较相似（即同质性比较高）的个案，集中对这一类个案中的某些方面进行深入研究，在质的研究中的焦点团体访谈就是采用这种方法抽样。比如，以往研究表明高学业成就的学生中教师家庭占比较高，为了研究这些家庭的教育方式，研究者就可以选择教师这一类家庭进行抽样，从而归纳出其教养方式中共同的部分供参考。

④关键个案抽样

关键个案抽样指的是，选择那些可以对事情产生决定性影响的个案进行研究，目的是将从这些个案中获得的结果逻辑地推论至其他个案。例如对若干6岁儿童进行访问以剔除专门为6岁儿童开发但不受欢迎的糖果口味。

⑤理论抽样

理论抽样的目的是寻找可以对一个事先设定的理论进行说明或展示的实例，然后对这一理论进行进一步的修订。比如，如果研究者认为环境对人的成长具有十分重大的影响，那么研究者可以选择一对成长在不同环境下的双胞胎，对他们的成长过程进行观察，考察环境因素对他们成长的影响。如果研究者的研究证明这个理论并不完全正确，孩子的先天条件对他们的成长作用更加重大，研究者就需要修改原来的理论。

4. 抽样误差

我们经常听到某项问卷调查的误差率为95%置信水平上下两个百分点。这里实际上讲的就是随机抽样方法与规模决定的抽样误差结果。因为在抽样研究中，只取总体中的一部分作为直接研究的对象，然后根据样本结果去推算总体的一般情况，而这样的推算与总体的实际有着偏差，这种偏差称为抽样误差。抽样对总体的代表性越好，抽样误差就越小。

抽样误差的估计多用来表示样本平均数或样本比率推论总体本平均数或总体比率的区间估计范围。这个区间往往用 1.96SE 算出，其中，1.96 是95%置信水平下的 Z 分数值，SE 是样本平均数或样本比率的标准误。抽样误差的计算公式为：抽样误差＝±1.96SE。抽样方法不同，标准误的计算方法也不同。

第二节　确定研究变量

一、变量的含义和分类

1. 自变量、因变量、控制变量

变量（Variable）是指某一群体，其组成成分间在性质、数量上可以变化，可操纵或测量的条件、现象或事物的特征。根据变量间的相互关系变量可分为自变量、因变量和控制变量。变量名称在不同的学科具有不同的译法，但其本质是一样的，例如自变量（Independent Variable）又称刺激变量、独立变量、原因变量、实验变量、解释变量、效应变量。因变量（dependent Variable）又叫反应变量、被解释变量、研究因素变量、依变量，等。控制变量（Control Variable）又叫无关变量、干扰变量、额外变量，等。

（1）自变量是指由研究者主动操纵而变化的变量，是能独立地变化并引起因变量变化的条件、因素或条件的组合。

（2）因变量是由自变量的变化引起被试行为或者有关因素、特征的相应反应的变量，它是研究中需要观测的指标。

（3）控制变量是与某特定研究目标无关的非研究变量，由于它会影响研究结果，所以需要在研究过程中加以控制。

除了自变量、因变量和控制变量外，还有中介变量和调节变量。

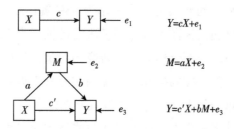

（4）中介变量（mediator）是自变量对因变量发生影响的中介，是自变量对因变量产生影响的实质性的、内在的原因。新行为主义者托尔曼 1932 年为弥补华生"刺激 S——反应 R"公式的不足，要求注意有机体内部因素在行为中的作用而提出。他认为中介变量不属于可预先操纵和控制的自变量或可观察测量的因变量，而是一种假设型概念。托尔曼视这些中介变量为行为的决定者。在心理学中，动机、需要、智力、习惯、学习、态度、观念等在性质上均属于中介变量。例如期望效应中，教师的期望让学生产生了积极学习的行为最终提高了学业成绩，这里的积极的行为以及包含的内在动机就是中介变量。

（5）调节变量（moderator）是指自变量对因变量的影响在强度或方向上受到了变量 M 的影响，则 M 称为调节变量。例如，翻转课堂对高学业成就的学生有明显的正向效果，而对低学业成就的学生有明显的负向效果，则学生水平就是调节变量。

2. 定类变量、定序变量、定距变量、定比变量

根据变量的形式或者变量的取值性质分，变量通常可分为类别（特征）变量和数值变量。类别变量是指变量的取值表现为不同的子概念或不同的次级类型。如教学模式、教材、职称、种族等都是类别变量，它们都包含着不同的次级类型数值变量是指变量的取值表现为大小不同的数值，即不同的数字。如学科成绩、智力分数、身高、体重等属于数值变量。而在教育与心理测量中，根据表达变量测量水平的不同，人们又常把变量分为类别变量、顺序变量、等距变量和比率变量。

（1）定类变量，又叫类别变量、分类变量、称名变量，有命名和分类两种功能。命名功能是用数字来代表个体事物，例如给每个学生或每个被调查者编上号码，便于数据整理和分析；分类功能是用数字代表具有相同属性的全体事物，例如，可以根据性别将学生分为两类，用"0"代表女性，用"1"代表男性。这类变量的取值数据，只可统计各自出现的频数，但不能作大小比较或加减乘除运算。

（2）定序变量，又叫顺序变量、等级变量。这类变量的取值数据表示对研究对象的某方面特征按大小逻辑顺序的排序。这种量表不仅能确定事物的类别，而且还能根据一定标准排列出事物及属性的顺序和等级。考试的名次、能力的等级、对事物的喜爱程度等都属于等级量表。常见的顺序变量如为学生的考试成绩所排的名次，如用等级对学生成绩进行定量赋值：优秀-3、良好-2、一般-1、较差-0。这类变量的取值数据。但是在顺序量表中，既无相等单位，又无绝对零点，数字仅表示等级。因为这类变量的取值数据没有等距的单位。如第一名比第二名高 5 分，而第二名比第三名高 3 分。它所适用的统计方法，仅限于中位数、百分位数等，可以作大小优劣的比较，不能做加、减、乘、除的运算。

（3）定距变量，又叫等距变量：这类变量的取值数据带有相等的单位，但没有绝对零点，而只有相对零点。如摄氏温度，它的零点是标准气压下水的三相共存时的温度，但其单位是等距的（温度计上的刻度线是等距的），5℃与10℃的差别，同15℃与20℃的差别是一样的。这类变量的数据只能作大小比较和加减运算，但不能做乘除运算。在教育科学研究中，百分

制的学科测验成绩被近似的看作等距变量，标准分数 80 分与 90 分之间的差距，与标准分数 70 分和 80 分之间的差距是相同的。无论是温度还是成绩，它的零点是相对零点，它的零点是人为地在测验题目及其评分标准规定下的零点，一个学生数学考试得了零分，并不能说明该学生一点数学知识都没有，只是在该次考试中一个题目也没做对，因此不存在倍数关系。这类变量可以加减运算，其数值加或减一个常数或用一个常数乘除，不会破坏原有数据间的关系，如摄氏温度 10℃可以转换为华氏温度 50F。

注意的是百分制考试分数并不是完全等距的，只是近似的等距。因为不同题目上的 1 分和 1 分会有差异。例如一个学生成绩（满分100分）从 20 分上升到 30 分，和一个学生成绩从 90 分上升到 100 分相比，难度要小得多，因此不能看成这上升的 10 分是等值的，即等距的。所以一般会将原始分数转换成标准分数，这样就可以是等距的。

（4）定比变量，又叫比率变量、等比变量。这类变量的取值数据既有相等的单位，又有绝对的零点。因此，是最高水平的量表，所得的数值可以做加、减、乘、除四种运算。这种量表在物理测量中最常见到。例如甲的体重为 80kg，乙为 40kg，我们既可以说甲比乙重 40kg，也可以说甲的体重是乙的两倍。在 SPSS 统计软件中，一般将定距变量和定比变量合成为一类，为标度变量。因此，在 SPSS 数据类型中，只有名义变量（定类变量）、有序变量（定序变量）、标度变量（定距变量和定比变量）三类。

二、无关变量的控制方法

一个具体的教育研究课题，往往涉及多个变量及其相互关系，即多因多果。因此，首先依据研究目的，详细列出研究所涉及到的所有变量，并加以具体确定和选择。

根据研究类型确定操纵性自变量和非操纵性自变量，并确定自变量数目和水平。所谓操纵性自变量又叫中心变量，是指研究者可以主动加以操作的变量；而非操纵性自变量又叫前置变量、人口学变量，是研究者无法主动加以操作的变量，如被试的年龄、性别、社会经济地位、家庭结构、父母职业等。对于因变量，研究中由于自变量的变化引起相应的变化因素可能是很多的，因此，在研究中要确定哪些是我们感兴趣的因变量的变化。对于无关变量，要尽可能加以控制，对无关变量的控制技术主要有：

1. 消除法

消除是设法使无关变量从实验中消失。室外噪音之类的物理因素的干扰可以从实验情境中消失，但除此之外的许多无关变量是无法消除的，如机体的疲劳等。况且过于采用消除法会使实验情境失去自然性、现实性。在有效消除源自实验者效应和被试效应的额外变量的干扰方面，双盲实验（double-blind experiment）就是一个很好的排除法。简单地说，双盲控制时让实验的操作者和实验被试都不知道实验的内容和目的，由于实验者和研究参加者都不知道哪些被试接受哪种实验条件，从而避免了主、被试双方因为主观期望所引发的额外变量。

2. 恒定法

恒定法即采取一定措施，使某些无关变量在整个研究过程中保持恒定不变。如使研究环境、测量工具、指导语、研究时间对不同被试保持一样，通过效果恒定来达到控制它们的影响的目的。

3. 平衡法

对某些不能被消除，又不能或不便被恒定的无关变量，通过采取某些综合平衡的方式使其效果平衡而对它们进行控制。平衡法的具体方式有对比组法和循环法。对比组法的原理是，随机建立两个被试组，两组除研究变量外，在其他无关变量的效果方面都是相等的，因而两组结果之差可视为研究变量的差异所致。循环法主要用来平衡研究处理的顺序效应，如 ABBA 法。

4. 随机化

随机化法（randomization）是把被试随机地分派到各处理组中去的技术，包括随机抽样和随机分派。从理论上讲，随机法是控制额外变量的最佳方法，因为如果总体中的任一成员都有同等机会被抽取到任一处理组，那么可以期望随机分派形成的各处理组的各种条件和机会是均等的，也即在额外变量上做到了匹配。随机化法不会导致系统性偏差，能够控制难以观察的中介变量（如动机、情感、疲劳、注意等）。

5. 统计控制法

以上讨论的情况，都是在实验尚未正式开始前先行着手控制额外变量的方法，这类技术被称为实验前控制。另一种技术是实验后控制，就是在实验完成后通过一定的统计技术来事后避免实验中额外变量的干扰，因而也被称为统计控制法（statiscal control）。统计控制主要用于实验前控制难以完全控制额外变量影响的情况下，比如：在研究几种不同教学方法对儿童阅读能力的帮助时，研究者通过匹配平衡，控制了儿童年龄、教师、基础阅读能力等额外变量，却发现无法就儿童的智商做到完全的匹配。

这时统计控制法就提供了补救办法：实验者可以通过协方差分析（analysis of covariance），在数据统计过程中排除智商对阅读能力提高的效应，以达到控制的目的。除了协方差分析以外，常用的统计控制法还包括：剔除极端数据、纳入自变量等方法。

三、变量间的相关关系

初步判断自变量与因变量的关系状态，变量之间的关系可以分为相关关系（正相关、负相关、零相关）、因果关系、预测关系等。

（一）相关关系

1. 正相关与负相关

如果一个变量伴随着第二个变量的增加而增加，下降而下降，那么这两个变量的关系为正相关或直接相关。就是说，一种正相关就是两个变量在同一方向上变化的相关。相反，如果一个变量的增加伴随着另一个变量的下降，则这两个变量的关系为负相关或逆相关。例如，如果个人受教育程度越高经济收入则越高，这是正相关；如果个人受教育程度越高，伴随着的经济损失就越大，这是负相关。

必须指出，负相关并不意味着这些变量的相关性不如正相关中的变量的相关性强，而仅仅意味着它们是在相反的方向上变化而已。

2. 相关的强度

当我们弄清了两个变量的关系究竟是正相关还是负相关之后，就要弄清它们的相关程度如何。弄清两变量的相关强度，对于预测有重要意义。如果变量 A 和 B 相关，则不仅它们的值一起发生变化，而且通过了解一个变量的值 A，还能对另一个变量的值 B 做出较准确地预测（下面还要继续讨论如何预测的问题）。例如，若数学成绩与物理成绩相关，那么，若知道一个班的数学成绩，就能预测该班的物理成绩。

相关强度可用相关系数来表示。相关系数的范围介于 $0 \sim \pm 1.00$ 之间。当系数是+1.00时，称为完全正相关，在预测两个变量之间的正相关时为百分之百准确；当系数是-1.00时，则称为完全负相关，在预测两个变量之间的负相关时，亦为百分之百准确。关于相关系数强度的解释，须视样本大小而定。例如，样本容量为5人，所求得的相关系数要达到0.01的显著水平，其相关系数的绝对值须大于0.96（$df=3$）；样本容量为52人，所求得的相关要达到同样显著水平，其相关系数的绝对值只需大于0.35（$df=50$）；以102人为样本时，则只需0.25的相关系数就可以达到同样的显著水平。一般人对相关系数的解释是：很高相关：0.80~1.00；高相关：0.60~0.70；中相关：0.40~0.59；低相关：0.20~0.39；很低相关：0.1~0.19。

如果两个变量的值的分布愈靠近直线，相关愈高；反之，相关愈低（图2-2）。

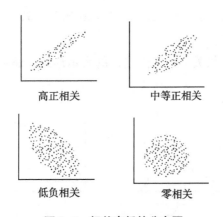

图2-2　相关高低的分布图

3. 对称相关与不对称相关

在两个变量之间，任何一个变量的变化都伴随着另一个变量的变化，即变量A的变化伴随着变量B的变化，变量B的变化也伴随着变量A的变化。这两种关系称为对称相关。但是，如果一个变量的变化伴随另一个变量的变化，反过来并不如此，这种关系称为不对称相关。例如，学习过分勤奋和身体健康的关系就是不对称相关，因为过分的勤奋可能会导致身体质素的降低，但身体质素降低不能

一般说来，一个变量明显地发生在其他变量之前，比较容易认出哪一个是自变量，哪一个是因变量，这种关系是不对称关系。例如，我们可以在出

生地和所受教育水平之间发现一种关系。在此情况下，出生地显然发生在上学之前，因而必然是自变量，这一关系是不对称的；由于出生地先发生，教育水平绝不能影响出生地。

但是，在一个变量不是明显地发生在其他变量之前那样的关系中，难以指明因变量和自变量，如掌握知识和发展能力的关系。一般认为，该关系是对称的。

4. 线性相关与非线性相关

两个变量以相同比率发生变化，称为线性或直线相关。一个变量值的变化率，依第二个变量的不同值而可能不同，称为非线性相关或曲线相关（图2-3）。(a) 描写了一种线性相关，其中，变量 y 的变化率不论变量 x 的值如何都是相同的。线的斜率表示变化率，较陡的角度表示高变化率，较不陡的角度表示较低的变化率。(b) 表示一种曲线相关，其中，y 的变化在 x 高值时比 x 低值时低得多。

必须注意，曲线相关不一定是这样的表示形式，还可能有除了一条直线以外的任何形式。

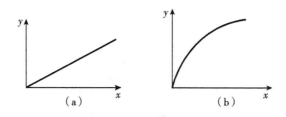

图2-3　线性和曲线相关

5. 伪相关和中介相关

两个变量之间仅因一个第三变量之故而似乎相关，但实际上这两个变量并不互相影响，这种关系称为"伪相关"（spurious relationship）。例如，对美国所有 30 万以上人口的城市进行调查研究，很可能会发现城市动物园的动物数目和犯罪率之间相关。可能性在于，城市的大小同动物园的大小和犯罪率都相关，从而导致动物园的大小和犯罪率两者看起来似乎相关。①

两个变量之间的相关是由一个中介变量导致的这种关系称为中介相关。

① ［美］贝利；许真译. 现代社会研究方法 ［M］. 上海：上海人民出版社，1986.

如变量 A 和 B 相关，这是由于 A 导致了中介变量 C 的变化，C 的变化又导致了 B 的变化。

下图（图 2-4）是伪相关和中介相关的图解。箭号脚下的变量是箭号头上的变量之原因。因此，在（a）中，C 导致 A 和 B 两者，而（b）中，A 导致 C，C 导致 B。

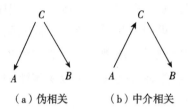

图 2-4　伪相关和中介相关

罗森堡（Rosenberg）1968 年提到一种"伪零度相关"。伪零度相关是两个实际上相关的变量由于每一个都与一个第三变量相关而看起来不相关。罗森堡将这第三变量称为"压抑"变量（suppressor varia-ble），因为它压抑着另两个变量之间的关系。该压抑变量通过与变量之一的正相关和与另一变量的负相关来压抑关系，当压抑变量被控制时，两个变量之间的真正相关就会再现。[①]

例如，假设已完成的教育水平和收入之间有一个正相关（教育水平越高，收入越高），经过一次研究，发现不相关。但我们也许会发现存在一种相关，它正受到年龄这个变量的压抑，而年龄这个变量与样本中的教育水平是负相关（年龄越大，教育水平越低）而与收入是正相关（年龄越大，收入越高）。因此，低年龄使教育水平提高而使收入降低，高年龄则使收入提高而使教育水平降低，除非年龄受到控制，否则，就会抵消教育水平和收入之间关系的作用。如果对教育水平和收入做一个单个年龄组的研究，它们之间的关系就会再现。

（二）因果关系

因果关系的概念，无论在科学研究中，还是日常思考中都非常重要。自休谟（Hume）开始，它一直为哲学家所研究。因果关系是应用到具体事件

① ［美］贝利；许真译. 现代社会研究方法［M］. 上海：上海人民出版社，1986.

或现象之间的关系上去的概念。但发现两个或两个以上变量之间存在关系，还不能简单地证明因果关系的存在。①

因果关系是客观事物普遍联系和相互作用的形式之一，是由于某些原因而导致某种结果的一种相关关系。弓引起某种现象的现象是"因"。由原因作用而引起的现象是"果"。

从时间上看，因果关系具有时序性。因果关系中的原因先于结果。虽然有时在教育现象中的因与果即时相继出现，时间间隔很短，两个变量的时间顺序往往并不明显，但客观上，原因的变化必定发生在结果的变化之先。因此，教育研究中，时间次序往往是我们借以决定哪种教育现象是原因，哪种教育现象是结果的主要方法之一。

从空间上看，因果关系具有普遍性。人类社会的各种现象都充满着因果关系，因果关系无处不有。因此，在任何一种社会现象中都可以找到因果关系，教育现象也不例外。所以，我们在研究教育现象时，无论什么场合，分析什么问题，都应考虑到因果关系。

从发生上看，因果关系具有必然性。原因必然会导致一定的结果，某种结果的出现总是由于某种原因而造成的。一般来说，当我们发现某种后果时，或迟或早总是可以找出造成这一后果的原因的。此外，两个变量的因果关系不会由于第三个变量的存在而消失，即自变量 x 的变化必然导致因变量 y 的变化，不会由于中介变量 z 的存在而令 x 与 y 这一因果关系消失。但不能把一切表面上所谓"必然的联系"看作因果关系。例如，在教育调查中发现沿海改革开放地区犯罪率总是比内地非改革开放地区犯罪率高，这并不意味着"改革开放"是"犯罪"的真正原因。这里，"改革开放"与"犯罪率"在调查数据上的"必然联系"或相关关系，是一种表面现象，是伪相关。

从变化上看，因果关系具有转换性。原因和结果既相联系，有时也会相互转化，同一现象在一定关系中是原因，在另一种关系中则是结果。因果关系有时可看作环环相扣的一条事件长链，一环扣一环，原因背后还另有原因。② 如校长为了把学校办好而改进领导方法，由于校长改进了领导方法而

①　[美] 艾尔·巴比；李银河译. 走向未来丛书：社会研究方法 [M]. 成都：四川人民出版社，1987.

②　[美] 艾尔·巴比；李银河译. 走向未来丛书：社会研究方法 [M]. 成都：四川人民出版社，1987.

调动了教师工作的积极性，由于教师的积极性高，采取很多有效的措施改革教学，从而提高教学水平，由于提高教学水平，从而提高了学生的素质……无论在这个过程的每一个特定环节有多少方面的原因，每一个原因背后总是另有原因。在这一过程中，原因转化成结果，而结果又转化成原因。

虽然因果关系具有上述四个特点，但在教育研究中，确定因果关系还是有一定难度，原因是：首先，难以分清各种变量中的因与果。由于教育研究中的大量资料是通过调查搜集来的，我们往往很难弄清哪个因素先发生哪个因素后发生。没有显示时间次序，就难以分清哪是原因，哪是结果。其次，难以辨别某些现象是不是真正的原因。由于教育现象的复杂性和模糊性，影响一个事物发生变化往往有很多不同的因素。有的变量可能是我们寻求的原因，有些变量可能是被混淆的无关的变量，在教育研究中往往有可能去证明不是原因的因素是原因。有时即使我们能在多种复杂的教育现象中分析出若干原因来，但要令我们满意地表明这些变量确是我们探求的全部原因，仍然有很大的困难。因为在教育研究中，往往存在着大量的，有时看起来似乎不定数的可能的原因。除了被探明的原因外，是否还有别的原因？也很难确定。再次，难以确定最主要的原因。由于在教育研究中要适当而有效地控制无关变量特别难，有时，当我们找出影响某一事物发生变化可能有几个原因后，要正确地认识其中最主要的原因也有一定的难度。

第三节　操作性定义

在研究中，研究者通常需要借助一些概念来表述研究假设。如"角色游戏有利于促进幼儿社会化"，在这一假设中涉及一个重要的概念"社会化"。查《心理学词典》可得知，所谓的社会化是指个人学习和掌握作为一定社会或集团成员所必须具备的条件（知识、技能、倾向、情感等）的过程。这一概念的表述方式，有人称之为概念的语义性定义，或抽象定义，或本质定义。它是直接用语言文字叙述被界定的概念所指事物现象的特征与性质。

在教育研究中，概念的语义性定义并不能告诉研究者需要收集什么样的资料或怎样测量。比如仅从"社会化"概念的语义性定义出发，研究者很难去衡量或判断幼儿社会化水平发展到会什么程度。因此，有必要对它们（研究变量或研究指标）人为地规定相应的操作性定义。

一、概念的操作性定义

概念的操作性定义，是指将有关研究变量从概念的语义性定义形式转换为可操作化的形式，即用能观察或测定到的一定现象或活动来说明概念的含义。如"幼儿社会化"，我们可以用幼儿在游戏中，或日常生活中谦让的次数、攻击他人的次数、与他人合作或帮助小朋友的次数等这些可以观察到的指标来说明它的含义。又如"关于幼儿合群性的培养研究"，"合群性"的语义性定义是"个体在与其他人相处或接触时的主动性与适应性"，研究者基于研究的需要须给"合群性"这一概念下一个操作性定义，即指"是否主动与熟悉的人打招呼、看见陌生人时是否主动接触、愿意自己独自玩还是与其他小朋友一起玩、和同伴在一起时言语是否频繁、做游戏或与人合作时与别人是否合得来"等，以上肯定答案越多，说明幼儿合群性程度越高。

从上述的例子，可以给概念的操作性定义与语义性定义作一个比较。第一，在定义的内容上，操作性定义是用具体的事物、事例、外在表现、现象来说明变量或指标；而语义性定义则采用概念、同义语来说明。第二，在定义的方法上，操作性定义采用经验的方法，即可直接感知变量的方法；而语义性定义则使用逻辑的方法。第三，在定义的重点上，操作性定义看重界定变量或指标的外延或操作过程；而语义性定义则看重提示变量或指标的内涵和本质。通过上述比较分析可以看出，操作性定义的最大特征就是它的可观测性。概念的操作性定义往往是研究者人为规定的，因而，同一变量或指标在不同的研究中，因其研究的侧重点不同所给的操作性定义也可能不同，但总的来说，同一概念中的语义性定义和操作性定义其内涵是相一致的，只是表述形式不同而已。

二、操作性定义步骤

相对于概念的抽象定义强调概念内在的、本质的特征而言，操作概念更强调概念外在的、区别的特征。在实际研究中，主要如下步骤进行操作化处理：

（一）明确概念的边界

概念是一种通过揭示对象的特点或本质（内涵）来反映某个或某类对象

(外延) 的一种思维形式。任何一个概念都包含了内涵和外延两个方面，构成了概念最基本的逻辑特征。科学的一切基础是概念，人的思维的工具是语言，语言的载体是词语。而概念是用词语来表达的，不同的语词可以表达同一个概念。例如，宋朝的《宿山房即事》诗：一个孤僧独自归，关门闭户掩柴扉。半夜三更子时分，杜鹃谢豹啼子规。同一语词可以表达不同概念。因此，弄清概念是下操作性定义第一步，对概念可能产生的不同理解进行澄清，标准参照测验中叫做领域界定。就是要弄清概念应该包含什么，应该排除什么，形成统一的认识和理解。实际上就是明确概念的外延。

如何下定义呢？如何明确概念

李白在《春夜宴桃李园序》为天地和光阴下定义：夫天地者，万物之逆旅；夫光阴者，百代之过客。这不属于科学定义。现代科学一般遵循"被定义的概念 = 种差 + 邻近的属概念"，例如，力学是研究物体机械运动规律及其应用的科学；心理学是一门研究人类及动物的心理现象、精神功能和行为的科学。下定义的概念与被定义概念的外延应当是相等的。例如，中学生就是在学校读书的学生（定义过宽）；宗教信仰自由就是信仰某种宗教的自由（定义过窄）。

具体操作上，可以首先收集和罗列各种有关概念的描述和定义。有时概念比较简单，不同研究的认同度也比较高。这时只需采用公认的或权威的概念即可。如果概念发展并不成熟，就需要总结和提炼出其中最具有共性的因素，这些共同因素是各种理解都能接受的。最后，还可根据你的研究目的和你对概念的研究和理解，增加或删减一些你认为属于概念范畴的重要因素。这样就基本形成了概念的内涵与外延。

例如为"儿童"概念下操作定义，不同的标准对儿童概念的界定并不相同。

（二）发展观测指标

概念操作化的最终目的还是要对概念进行观察和测量，以便通过问卷调查得到关于概念的实证数据和材料。在确定了概念的内涵和外延之后，就要为概念或概念的构成因素寻求经验指标。这一步骤是概念操作化的关键和难点，因为有的抽象概念的确很难量化，这也正是心理测量的难度所在。发展观测指标一般分成四个步骤：

1. 要确定概念的维度，也就是概念的维度构成要素。这一步骤与概念澄清与界定有所不同，主要是要提出概念的具体组成成分，从这些成分维度上对概念进行观测，对概念的外延再做细致研究。比如著名的卡特尔 16 人格测验，就是从 16 个维度来界定人格的主要特征。在问卷预测之后，还要利用探索性因素分析、验证性因素分析等，对研究者提出的关于概念维度的理论假设进行统计检验和验证。

2. 确定概念或概念维度的观测变量。实际上，上面提到的那些可以直接赋值的概念就是变量。但是大多数调查目标涉及的概念比较复杂，不可能从概念或概念维度直接过渡到变量，也就是说，不能直接找到可观测、可量化、多值状态的变量去观测概念维度。中间还需要有概念的子维度或二级维度。区分概念和变量的主要特征就是是否直接观测、可量化和可赋值。在实际研究中不必拘泥于判断哪些是概念，哪些是变量。关键是如何合理地将概念分解、量化，这才是问卷编制与概念操作化的核心问题。

3. 要确定变量或概念的指标。指标就是指变量或概念的不同取值。指标不一定是数字，也可能是称名或分类的量表状态。比如"性别"变量的指标有男、女两个取值，"所在班级"可能有多个取值。有时那些非数字化的指标还可以继续分化，一个具体的指标还可以有若干不同取值，比如"学历"本身就是"受教育程度"的一个指标，而"学历"又有研究生、本科、专科、高中/中专、初中、小学等指标，"初中"又有不同年级的指标。这时候上级指标也就具有了变量的特征。根据研究的需要，有时需要设置多级指标。指标的确定一是来自经验，二是来自假设。

4. 为指标编写问题。那些不可能直接确定赋值的指标，要通过问卷中的问题来获取被调查者的态度和行为表现，以量化（封闭性问题）或描述（开放性问题）的方式得到对概念的研究结果。

三、操作性定义的具体方法

（一）条件描述法

条件描述法是研究者对引起某种拟研究现象或状态的产生和存在所需的条件予以明确的规定，使所研究变量变得具体、可操作。一般用于自变量的定义。如，"内驱力"可解释为一个人急需的物质或活动被剥夺时所表现出的状态。"饥饿"可界定为连续剥夺个体进食 24 小时个体存在的状态。"专家型幼儿教师"是指获得特级教师称号，或职称为小中高，或获过"省级优秀教师"称号且实际的教育水平较显著的幼儿园高级职称的教师。再如：竞争关系——两个以上的同伴，所处环境相似，大家都有相同的目标，但只允许一人能达到目标，这时同伴之间的关系为竞争关系。强化作用——在某类行为出现时加以称赞或对之微笑。

（二）指标描述法

指标描述法指对所解释对象的测量手段、测量指标、判断标准做出具体的规定。通常这些指标能做量化处理，常用于给因变量下操作定义。例如，要对儿童的概括能力进行研究，仅把"概括能力"定义为"能抽象出同类事物的共同本质属性"是不够的，因为这样的定义还没有把变量转化到可观测、可度量、可操作的程度。研究者借助一定的指标值将"概括能力"进一步细化为各种不同的概括水平，如一级水平，只是从事物表面进行概括，如长方形的特征就是长条的图形；二级水平，只是对事物的某个方面进行概括，不够全面，如长方形就是上下两条边长、左右两条边短；三级水平，能对事物的特征进行大致的概括，但不够精确，如长方形左右两条边和上下两条边相等；四级水平，能概括出事物的本质属性，如长方形对边相等。有了以上指标描述性的操作定义，研究者就能依据这个指标体系对标准儿童的概括能力进行研究。再如：

发散思维——对同一物体多种用途的设想能力，具体指标为在 60 秒内回答砖的不同用途达 10 项以上。

阅读能力——用阅读测验量表上中等到难度的文章进行测验，要求阅读速度达到 200 字/分以上；辨别达 90% 以上；理解达 80% 以上；记忆达 70% 以上。

（三）行为描述法

行为描述法是对所解释对象的动作特征进行描述，对可观测的行为结果进行描述。通常这种操作定义用于解释客体的行为，常用于给因变量下操作定义。例如，前例提到的"饥饿"这个变量，研究者也用行为描述法来定义，"饥饿"指小白鼠处于饥饿状态。达不到这个行为指标的则不属于饥饿状态。

再如：

旁观——注视别人的活动达分钟以上，自己未参与。

体谅——在团体交互作用中，表现乐于协助他人的行为次数。

攻击性儿童——一个经常主动招惹自己周围的人，每周要挑起摩擦、吵嘴和打架 10 次以上的孩子。

第四节　形成研究计划

研究工作计划应回答的问题是：研究的目的意义是什么，如何安排每一阶段的工作任务，用什么样的方法研究，如何搜集所需的资料，研究成果的形式以及如何对研究成果进行评价鉴定，研究人员的组织与分工，所需的研究经费等。具体分析主要包括以下内容：

（一）课题的明确表述

课题的名称必须明确表述所要研究的问题。一般包括研究对象、研究问题和研究方法。

（二）阐述研究的目的、意义和背景

首先要阐述课题研究的背景，即根据什么、受什么启发而搞这项研究。因为任何课题研究不是凭空来的，都有一定的背景和思路。其次，要阐述此项研究的目的和意义，即为什么要研究，研究的价值是什么，解决什么问题。本课题国内外研究的历史和现状，以及本课题研究的特色或突破点

（三）研究范围和内容

1. 研究对象的界定

对研究对象进行界定，包括两个方面：其一是对研究对象总体范围进行界定；其二是对一些研究对象的模糊概念进行界定。这既关系到研究对象如何选取，也关系到研究成果的适用范围。例如学前儿童不仅包括 3-6 岁幼儿还包括 0-3 岁婴幼儿。再比如"骨干教师"没有一个统一和明确的定义。因此，必须给予界定才能对象明确，从而使研究进行下去。体现的是"研究谁"的问题。

2. 研究内容的确定

研究对象确定后，就要着手考虑具体的研究内容。研究课题要通过研究

内容来体现。预计突破哪些难题，要说明该课题所研究的具体问题，在较大型的研究中，还须列出所含的子课题。一项科研课题，如果提不出具体的研究内容，就无从研究。研究内容的多少与课题的大小有直接关系。如果研究课题很大，那么研究的内容必定很多；如果研究课题较小，那么研究的内容也就比较少。研究内容必须准确体现研究课题，体现的是"研究什么"的问题

（四）研究方法

任何科学研究除了要应用哲学方法和一般科学方法之外，还要有具体的研究方法。例如，对教师的科学素养现状进行研究，必然离不开调查法；探讨一种新的教学方法是否优于原有的教学方法，则宜采用实验法。在教育科研中，一般是几种方法混合使用，仅用单一的方法进行研究不大容易得出科学研究结果。比如进行某项调查研究，主要采用问卷调查以得到大量数据，但也要辅之以访谈法，以使结论更加可靠。"研究方法"这部分，体现的是"用什么研究"的工具和方法问题。

（五）研究程序

设计研究程序，就是设计研究实施步骤、时间规划。

（六）成果形式。

成果形式即最后的研究结论、研究成果用什么形式来表现。研究报告和论文是教育科研成果最主要的两种表现形式，此外，专著、教材、手册、咨政报告等也是课题研究的成果形式。大点的课题还需要有阶段成果形式，最后将阶段成果综合并发展成最终成果。或者将比较大的课题分解为若干子课题，分别有各子课题的成果形式和总课题的成果形式。

（七）研究组成员

在研究计划中，将课题研究组负责人、成员名单及分工情况写出，目的是为了增强课题研究组成员的责任感，以利于计划的落实。

（八）经费预算以及需要购置的仪器设备。

经费概算中一般包括图书资料费、差旅费、会议费、打印装订费、专家咨询费、劳务费、数据采集费、办公用品费及购置仪器设备费等项内容。

第三部分　研究工具：具体的研究方法

第五章　教育观察法

第一节　教育观察法概述

一、教育观察法的含义

广义的观察，即日常观察，是指人们对某些事实或现象零星的、偶然的，缺乏计划性观察的活动。它是以观察者的直觉或经验为依据，以形成感性认识为目的的认识活动。教育研究中的观察法属于狭义的观察，即科学观察，是指在自然条件下，通过人的感觉器官或借助仪器，有目的、有计划地进行观察的活动。它是以观察者积累的第一手感性材料为依据，以揭示研究对象的本质及其规律性为目的的认识活动。在教育研究中，教育观察法是最基本、最普遍的一种研究方法，是教育研究收集资料的基本方法。

二、教育观察法的基本特征

教育观察法是教育研究者通过感官有目的、有计划地考察学生或教育现象，从而收集有关资料，探索教育问题的一种直接的教育研究方法。教育观察法有以下三个基本特征：

1. 直接性。直接性即教育研究者与观察对象的直接联系。由于观察的直接性，研究者所获得的资料真实可信，准确有效。之所以说"百闻不如一见"，就是因为观察法具有直接性这一基本特征。

2. 情感性。由于教育观察的对象是人。教育研究者与观察对象之间的关系，有时也是一种人与人之间的关系。特别是当教师具有双重角色时、即教师既是教育工作者，又是教育研究者时，教育研究者与观察对象之间的关系，实际上是师生之间的互动关系。师生之间的互动，除了认知上的互动，还有情感上的互动。这时，作为教育研究者的教师，在观察学生的行为表现时，往往带有个人主观感情色彩。观察的情感性特征，容易影响教育观察的客观性。

3. 重复性。重复性即教育研究者有必要也有可能对学生或教育教学现象进行反复多次地详细观察。重复观察可避免观察的表面化和片面化。

三、教育观察法优点与缺点

观察研究法的优点是：简便易行；获得的资料可靠性较高；有时它还可获得一些意料之外的资料。

观察研究法在教育研究中有着广泛的应用价值。早在20世纪初，观察研究法就经常作为一种教育研究的方法加以应用，大约在30年代达到高峰。20世纪以来，许多教育家都十分重视观察研究法。如我国幼儿教育家陈鹤琴，曾用日记的方式，从他的第一个孩子一鸣出生之日起，就逐日对其身心变化和所接受的各种刺激进行周密地观察，并作出详细的文字记载与摄影，连续追踪观察808天，积累了大量研究材料。苏联教育家赞科夫进行教育研究，也采用长期追踪观察的方法。他的实验人员长期进行课堂观察，在课室后面，隔着窗口一边听课一边观察做记录。赞科夫特别重视后进生的发展问题。他的"使全班学生包括后进生都得到发展"的教学原则，就是在长期观察、积累材料的基础上提出来的。苏联的苏霍姆林斯基也一样，他一生著述甚丰，研究所需的大部分资料都是靠长期观察得来的。为了研究道德教育问题，他曾先后为3700名左右的学生做了观察记录。① 国内外著名教育家的经验说明，观察是教育研究的一种最基本的方法，它对于认识教育现象，收集第一手材料起着重要作用。

当然，观察研究也有一定的局限性，主要是研究者观察时受一定的时间和空间的限制。因为研究者不可能在任何时刻、任何情况下都能对研究对象进行观察。此外，由于观察的样本数小，以及观察得来的只是表面性地和感性的材料，因而也容易使观察结果带有片面性、偶然性，在德育研究的观察

---

① 李秉德. 教育科学研究方法［M］. 北京：人民教育出版社，2001.

中应该特别注意这一点。

在古代，教育观察法是最主要的教育研究方法，当时的教育教学理论就是在观察研究的基础上提出来的。但那时的观察法是缺乏系统性和全面性的，教育观察者往往以不完全的经验或证据为基础，忽视同时存在的复杂的教育因素在起作用，或者让感觉及偏见影响观察与结论。在现代社会里，随着儿童心理学的研究成果日丰，现代教育研究技术的发展，教育观察法逐步趋向科学化。

四、教育观察法的种类

1. 自然观察法与控制观察法

如果观察研究是在自然发生的条件下，在对观察对象不加变革和控制的状态下进行的，如实的观察法，这种观察法称为自然观察研究法。但是，有时观察研究也可在控制情形下进行，如实验室观察研究法，这种观察法称为控制观察法。教育观察大多数情形是自然观察法。

2. 直接观察法和间接观察法

直接观察法是指直接通过感官考察研究对象的方法。其优点是直观。生动、具体、真实。间接观察法是人的感官通过仪器观察研究对象的方法。它的优点是扩大了感官研究的范围，提高了观察的效率，使获得的材料事为精确。① 教育研究上的观察法大多是直接观察法。

3. 结构性观察法与非结构性观察法

结构性观察法是有详细的观察计划、明确的观察指标体系以及有系统的一种可控制性观察。这种观察多用于描述性研究和实验研究中的资料搜集。结构性观察法又可分为实地观察法和实验室观察法。实地观察法是指观察客体所处的地点、情势是处在自然状况下的，观察者前往观察实地所进行的一种观察研究。在实地观察研究中，观察者明确观察对象在活动过程中的各种因素，并尤其注意和记录对研究有意义的因素，取得有明确目的性的观察资料。实验室观察法的根本特点是，它不仅要有明确的实验目的和严密的实施计划，而且观察者必须精确地测量观察对象，必须严格地控制一个或一个以

---

① 刘元亮，等. 科学认识论与方法论［M］. 北京：清华大学出版社，1987.

上的变量，并观察这种控制对其他变量的影响，从而发现观察客体内部的因果关系和相互关系。①

　　非结构性观察法大多没有周密的观察计划和观察提纲，观察目的也只限于对观察客体的一般性了解。非结构性观察研究法可分为现场观察法和实地观察法。现场观察法是指观察客体在时间上的突发性和地点环境上的不确定性，观察的目的仅限于在较短时间里取得最基本的现场资料的一种观察研究。它适用于集体行为以及一些偶发事件的观察研究。实地观察法一般是在观察地点比较确定，时间比较稳定，并有一定目的性的在自然状态下所进行的观察研究。它适用于教育行政部门检查工作，领导干部体察民情，有计划的社会调查，科学研究探索性的资料搜集和补充调查中的资料搜集等。这种方法简便易行，但资料的获取主要是凭印象而得，观察的成功取决于观察者的世界观、综合知识结构、个人气质和专业技能等各种因素。在教育工作上大多是非结构性观察法，而教育研究上大多是结构性观察法。

　　4. 系统观察法和随机观察法

　　系统观察法是把观察客体视为一个整体，这个整体是一个有一定边界范围和逐级阶梯体系的系统，并对这个系统进行观察研究。这种观察不仅是凭直觉和经验的观察，而且是有系统的观察客体构成的要素、结构功能以及发展过程的立体式观察研究。它要求运用系统思想，从总体系统出发对各子系统进行分解观察研究，即对子系统诸要素、层次、功能、环境条件、相互关系的分析观察研究，而后又回到系统的综合观察研究。在整个观察过程中，系统的思想是贯穿始终的。简言之，系统观察研究是以立体观察研究取代平面观察研究的一种方法。

　　随机观察研究法是按照随机抽样的基本原则。从观察总体单位中科学地抽取部分单位进行观察研究，并以此推断整个观察总体的一种方法。它与系统观察研究的主要区别在于观察客体的确定和范围的选择。在随机观察的客体单位中，也可以应用系统观察的方法进行更深入的观察研究。

　　5. 参与观察法和非参与观察法

　　在参与观察研究中，观察者深入到观察的客体中去，充当其中的一个角色，参加其中的活动，使该集体中的人们把他当做集体的一员，以相应的态

---

① 秦宗熙，穆怀中. 人类社会研究法 [M]. 武汉：武汉大学出版社，1987.

度对待他，观察者便利用这种有利的条件观察客体的深层结构及其关系，收集有价值的资料。观察者必须保持清醒的头脑，以防止被观察对象同化。同时，在观察中还应注意科研道德，不能观察和过问他人不愿公开的隐私。参与观察又可分为完全参与观察和部分参与观察。完全参与是指完全置身于观察客体之中，与观察对象实行同吃、同住、同工作；部分参与则是部分地介入观察客体，有些活动和观察对象保持一致，有些活动则独立进行。

非参与观察法，就是指观察者纯粹扮演观察者的角色。观察者被视为局外人，不参与被观察者的任何活动。非参与观察研究既可在自然情境下进行，也可以在实验情形下进行。

上述各种观察研究方法之间是互相联系、互相补充、互相渗透的，一般都以交错的形式出现。了解各种观察研究方法的特征、分类及相互间的关系，可以使我们在制订调查计划、确定观察对象和具体实施观察时能有一个系统的理论概念。

五、观察的步骤

观察的全过程可分为三个阶段：准备阶段、实施阶段和资料处理阶段。每个阶段中又包括几个主要步骤。

（一）准备阶段包括：

1. 确定研究目的；

2. 制定观察计划：包括确定观察对象、观察内容和概念，选择观察方法，确定观察地点、时间；以及详细考虑在各阶段中可能遇到的各种问题；

3. 理论准备和物质准备，理论准备包括查阅文献，提出理论假设或将观察概念操作化，确定观察指标和分类系统，物质准备包括制定观察卡片或记录提纲，选用技术设备，培训观察员等。

（二）实施阶段：

4. 进入观察现场；

5. 与观察对象交往（或与被试者交谈）；

6. 进行观察（或测量），做出现场记录；

（三）资料处理阶段：

7. 整理和分析观测记录，进行统计分类，得出观察结论，提出理论解释；

8. 撰写调查报告。

由于观察法是直接目睹行为和事件的发生与演变，因此它比其他的方法具有更大的表面效度。但是，在观察的各个阶段仍然存在着一些影响观察效度和信度的因素。

第二节 教育观察常用方法

一、实况详录法

实况详录法也称连续记录法，是指在某段时间内，连续而详细地把观察对象在自然状态下的行为表现收录下来的一种观察方法。运用实况详录法要注意三个问题。

1. 根据观察目的确定观察的场景和时间。学生活动的场景有很多，既有校内的又有校外的，校内又分课内场景和课外场景。观察的时间可长可短。一般而言，应根据本次观察的目的来确定观察的场景和时间。例如，要观察小学三年级学生的注意力分散情况，可选定 3 节课进行观察详录；若要了解学生之间的交往情况，则可选择一天中的课余活动进行实况详录。

2. 善于借助先进的设备。传统的实况详录法只是在观察现场采用纸笔进行记录，速度慢，且容易出现错漏，记录不细不全。现代的实况详录法应注重借助摄像机、录音机等现代化设备，把某段时间内的现场实况摄录下来，以供回放研究。

3. 记录要客观、全面。无论是用人工记录，还是用设备摄录，都应客观反映观察对象的实况，尽可能多角度拍摄或记录，反映全貌，使获得的资料原始、真实、详细、全面。在进行人工书面记录时，先忠实地观察记录、客观地描述事实，记录完后，再对描述的事实进行解释和评价。客观描述和主观解释或评价，两者应严格区分。

实况详录法的优点是能提供详尽的行为事件及其发生的环境背景等资料；实录下来的资料系统、完整，并可作长久的保留，供反复观察与分析使用。缺点是对记录的技术要求较高；用人工记录很困难；用现代化的观察设备费用昂贵；记录和整理资料费时多。

幼儿姓名：同同	性别：男	编号：014
年龄：3 岁 6 个月	观察日期：2017 年 11 月 4 日	
开始时间：9：00	结束时间：9：15	
地点：自主游戏积木区	观察者：明远	

观察记录

同同从玩具架上拿来了一副嵌套拼图，她把一块块的拼图拿出来按照大小顺序依次放到桌子上后，将双手合拢，揉搓了一下，小声说了句："开始!"他的眼睛迅速看向最小的一块拼图并抓住它，放到了底板拼图最下面的位置上，然后迅速拿起第二块放进底板拼图。在同同拼第三块时，乐乐走了过来，站在同同旁边看着他拼。同同没有回头看，依次拼好了第三块和第四块。整个拼图过程只用了 10 秒钟。"哈哈，我拼好啦!"同同笑着喊。这时，他看到了身边的乐乐，说："乐乐我们一起玩吧，看谁拼得快!""好啊!"乐乐点点头。然后同同把左边的嵌套拼图一块块拿出来，按照大小顺序依次放到桌子上后，又把右边的嵌套拼图一块块拿出来，按照大小顺序依次放到桌子上。乐乐在同同左边的凳子上坐下。同同说："预备，开始!""迅速拿起最小的一个图块，放到底板拼图最下面的位置，并依次拼好了第二、三、四块。而乐乐在听到"开始"后，拿起了一块中间大小的红色拼图，放到了倒数第二个位置上，然后依次拼好了第三、四块拼图，结果最小的一块拼图剩在了外面。"哈哈，我拼好喽!"同同双手握成拳头，举过头顶说。"这块怎么拼呀？我拼不进去啦。"乐乐皱着眉头问。"我看看。"说着，同同将左边乐乐拼好的三个图块拿出来，把最小的那块拼图跟桌子上的图块比了比大小，然后放到了拼图最下面的位置，又把剩下的三块依次放进了拼图里。"看，拼好啦!"同同笑着看着乐乐说。

分析

同同在玩嵌套拼图时，知道先把图块按照大小顺序依次摆好，在拼图过程中能够做到不出现错误，不受外界干扰，并且能在 10 秒内完成拼图。另外，同同懂得分享，能够与同伴一起玩自己手中的拼图，当同伴拼图出现困难时，能够主动提供帮助。

评价

与刚入园的时候相比，同同表现出较好的顺序思维能力、观察能力和专注力，并且亲社会行为明显增多。

建议

继续提供拼图等可以发展顺序思维能力、观察能力和专注力的游戏。鼓励同同将他拼图时的想法和发现讲述给其他小朋友听。对同同的亲社会行为进行表扬和鼓励。

二、日记描述法

日记描述法简称日记法，是以日记的方式记录观察对象行为表现或教育现象的一种观察方法。日记描述法可分为两种类型：一种是综合性日记描述，即把观察对象的各个方面如实记录下来，为全面研究观察对象所用；另一种是主题日记描述，即只记录观察对象某一方面或某几方面的情况，为专项研究观察对象或某种特征所用。如皮亚杰就是以主题日记描述的形式对自己孩子的认知发展进行观察研究的。

日记描述法是一种传统的观察研究方法。最早运用这种方法的是瑞士教育家裴斯泰洛齐（J. H. Pestalzzi），裴氏用此方法跟踪观察其子 3 年，于 1774 年出版了《一个父亲的日记》，在日记中记录了自己孩子的生长、发展的情况，同时对母亲的早期教育作用及其他对儿童生活有重要影响的因素进行详细分析。达尔文（C. Darwin）写了《一个婴的传略》。描述他子的行为和发展。德国心、理学家普莱尔（W. Preyer）花了 3 年时间对他的孩子从出生到 3 岁的成长状况连续进行日记描述，在此基础上，于 1882 年写成了《儿童心理》一书。现代儿童心理学家皮亚杰（J. Piaget）也用日记描述法搜集观察资料，写成《儿童心理学》一书。我国最早使用日记描述法的是教育家陈鹤琴，他对自己的孩子进行跟踪观察，做了详细的观察日记并拍了几百张照片，在此基础上，于 1925 年写成了《儿童心理之研究》一书。一般认为，19 世纪末 20 世纪初，这种有关儿童成长和发展的日记描述法，是幼儿教育研究的一种主要方法。①

日记描述法比较适用于长期跟踪观察研究和个案研究，有利于研究儿童发展的顺序性和连续性，记录的材料真实可靠，方法简便易行。教师对本班学生的观察研究可以使用此方法。但样本和观察结果缺乏代表性，如果做长时期持续记录，则比较费时费力。

三、轶事记录法

轶事记录法又称记事法。轶事是指独特的事件。这种方法以记事为

---

① 陶保平. 学前教育科研方法 ［M］. 上海：华东师范大学出版社，1999.

主，即将研究者认为有价值的、有意义的或感兴趣的事件完整地记录下来。它与日记法有所不同，它不是连续记录某一特定儿童（个案）的行为及其发展，而是着重记录有研究价值的事件或信息。它要求从事件刚刚发生到事件的结束，全过程都要按顺序完整地记录下来。轶事记录法观察记录的内容可以是典型事件，也可以是反映学生身心发展某一方面的行为事件。但无论是哪一种事件，都应是研究者亲自观察到的而不是道听途说或从其他资料转抄过来的。

轶事记录法要求记录资料具体、详细、完整、客观、准确，不仅要记录有关行为、言谈，还要记录事件发生的背景以及与之相关联的其他情况。由于轶事记录法常常是事件发生后的回忆，所以一定要及时记录。例如，教师带学生去散步，碰到一些事情，学生反应很大，而且事件的内容又正是与教师感兴趣的研究课题有关，学生可能对周围的草木、蓝天白云等展开想象、谈话。教师可将事件记在脑中，回来后立刻用文字把当时情景客观地、详细地记录下来。又如，教师在家访中，可能观察到学生在家中的行为表现的典型事例，或感受到反映其家庭成员教育观念和教育方法的事件，家访后应及时记录下来。①

轶事记录法所获得的资料是真实可靠而且典型的，有长期保留和反复被研究利用的价值。它运用简单、方便，无需编制观察记录表，是教师常用的一种观察方法。但由于它往往不是现场做记录，而是事后回忆做记录，因此回忆的内容可能不够准确。

第三节　观察的信效度

一、观察的信度

观察的信度包括三种类型：

1. 不同观察者的一致性，即评分者信度；

2. 同一观察者在不同时间观察的一致性，即重测信度；

---

① 张燕，邢利娅. 学前教育科学研究方法 ［M］. 北京：北京师范大学出版社，1999.

非结构观察主要依靠具体观察者的感官和主观描述，可靠性取决于不同观察者都集中注意于某些事项，信度很难检验。提高观察信度的方式，一种是通过在不同时间的重复观察，另一种是增加观察者的人数。但前一种更为可信一些。另外，要注意选择有经验的和受过专业训练的观察者，对观察的类别要有较清楚的定义。在对不同时间的行为观察时，要注意情境的变化，以及同一个人在不同时期中行为的变化，因为这些都对观察的信度有影响。

二、观察的效度

影响内在经验效度的因素较多，它们来源于：

（一）准备阶段：

1. 要选择适当的观察方法，然后根据这种方法，对研究者角色的规定来确定观察方案，在观察目标的选择上应考虑它是否适合于研究目的。例如，要观察少数民族的风俗习惯，却选择一个受外来文化影响较大的村镇就不可能得到预想的资料；

2. 对内在理论效度影响较大的是理论准备过程，即观察范畴的选择和操作化。

（二）观察实施阶段：

1. 被观察者的"反应"。当被观察者意识到有人对他们观察时，总是会在不同程度上有意识或无意识地改变他们的习惯行为，尤其是在某些敏感性的问题上（如从事违法行为或私下活动时）；

2. 观察者本人的价值观和期望的影响。观察者要做到完全客观地观察是不可能的，他们总是多少带有一些个人偏见。此外，不同的观察者可能会注意到不同的事物，这取决于他们的兴趣和期望；

3. 观察者本人感官和记忆力的影响。观察者有时会出现注意力减弱甚至丧失，特别是在紧张、疲劳的时候。他们也会对某些经常出现的现象熟视无睹，而未加记忆。

（三）资料处理阶段：

研究者有可能依据自己的偏好来决定资料的取舍，或者挑选有利的数据来构造自己喜好的理论，这些都会影响观察结论的准确性。

第六章　教育调查法

第一节　教育调查法概述

一、教育调查法含义

教育调查研究法是研究者在教育理论指导下，通过观察、问卷或量表、访谈、个案研究学方式对教育事实材料进行收集、整理、分析，从而了解实际情况，揭示教育现象的本质和规律一种研究方法。调查研究是一种描述研究，是通过对原始材料的观察，有目的有计划地搜集研究对象的材料从而形成科学认识的一种研究方法。第一，它着重研究的是现实情况，因而区别于以过去发生的历史事实为研究对象的历史研究法。第二，它搜集的是自然状态下反映实际情况的材料，对研究对象不加任何干涉，从而区别于实验研究法（对研究对象加以一定的控制然后观察其变化以研究因果关系）。

二、教育调查研究的一般步骤

调查研究方法包括问卷，观察、访谈、测验等不同的具体方法，程序上虽各有所侧重，但都要遵循以下几个步骤：

1. 根据研究课题的性质、目的任务，确定调查对象、调查地点，选择相应的调查类型和调查方式。

2. 拟定调查计划。在确定调查提纲和安排调查工作程序时要考虑三方面的问题：一是调查项目能否有效地反映所要研究的问题，项目的构成是否合理简便；二是对项目如何进行比较科学的分类，大项目如何分解成若干具体的小项目并形成较完善的可操作的调查提纲；三是如何制定与分类标准相适的评价标准，以便对获得的资料能进行统计处理。

3. 做好各种技术、事务和组织准备，包括培训调查组成员，资料及有关调查器材的准备。

4. 进行试探性调查，得到被调查对象的~般认识，修改调查提纲及工作方案。

5. 制定调查表格，观察、问卷、访谈提纲以及编制测验题目。

6. 实施调查。运用各种调查方式了解情况，占有材料。

7. 整理调查材料，分析调查结果，并得出调查结论。

8. 写出调查报告。对所研究的问题作出解释，提出问题的意见和建议。

第二节　问卷调查

一、含义

问卷调查，又称填表法，是指研究者将要调查的问题编制成问卷或表格，邮寄或直接分发给被调查者填写，并予以回收、整理、分析，以获得要调查问题的有关信息的研究方法。问卷调查的优点在于：方便实用，省时，花钱少；由于可以不署名，在某种情况下结论比较客观；能搜集大样本信息资料，收效大；便于整理归类，能做量的统计处理，使调查结果具有一定代表性。该调查方法局限在于：如果问卷中的问题不明确或题量过大，或被调查者不合作都会影响结论的代表性；应用范围较广，搜集的资料往往是表面的，还不能深入了解深层次的内心世界真实情况；若部分调查对象不作回答，难以知道不回答的原因，也会影响问卷的效度。问卷法的运用，关键在于编制问卷，选择被试和结果分析。

二、问卷的类型

问卷是研究者依据研究的目的和要求编制而成的。研究问题的目的和对象的不同，问卷的内容、结构和形式就会不同，问卷的类型也就有所不同。根据问卷的内容和结构可分为"结构型问卷"和"无结构型问卷"两种，或者"开放式（主观型）问卷"和"封闭式（客观型）问卷"两种；按照回答问题的方式可分为"访问问卷"和"自填问卷"，其中自填问卷又按照问卷传送和提供方式分为"发送问卷""报刊问卷""邮寄问卷""网上问卷"

等多种类型。

（一）结构型问卷

结构型问卷是严格按照研究目的和主题设计的，其题目形式可以是封闭式的，即全部是客观型问题。也可以有少量开放式的问题，即主观型题目。结构型问卷的问题设置和安排具有结构化形式，按照一定的方式和顺序排列，问卷中绝大多数问题和选项的数量都是固定的，被调查者只能按照问卷提供的问题和选项选择作答。少部分开放式问题可为被调查者提供发挥的空间。

结构型问卷是一种最常用、最普遍的问卷形式，具有问卷的一般特点和优势。其便于回答、节省时间、易于操作、信息量大，适用于各种不同阶层和背景的调查对象，便于资料的整理和统计分析。它的缺点是被调查者自由发挥的空间比较小，只有少数开发式问题。

（二）无结构型问卷

无结构型问卷又称为开放式问卷，它的特点是在问题的设置和组织结构上，没有严格的结构化形式，只是围绕研究的主题设计了一些相关问题。研究者可以根据实际情境和被调查者的情况提出适当的问题，也可适时、适当地增加一些额外问题，加大问题的深度，获得更深层的信息。无结构型问卷实际上就是一种访谈提纲。

无结构型问卷只能针对小样本被调查者使用，提供的信息量不像结构型问卷那样大，但是无结构型问卷可以为研究课题提供深层信息。因此适合在对某些问题进行深层访谈或调研时使用。正因为如此，研究者不能忽视无结构型问卷的设计和使用。在研究中，提倡将结构型问卷和无结构型问卷结合使用，扬长避短，发挥集成优势。通过结构型问卷，

三、量表和问卷的区别

在心理与教育研究中，测验、量表与问卷经常相互混用。其中量表和问卷出现的频率最高。量表和问卷都是收集资料的重要工具，都须遵循心理测量、社会调查和抽样理论的一般规律，但是二者在内容结构、构成形式、结果应用、标准化程度等方面又存在很多不同。主要表现在：

1. 在内容结构上，问卷多采用多维结构，围绕一个调查主题涉及多个维

度的调查内容，涉及维度的多少根据研究者的调查目的不同而不同。因此，问卷一般没有结构效度的说法；而量表的内容结构比较单一，多是单维结构。即使包含几个分问卷或分量表，也都是单维结构下的二级因素。因此，量表的结构效度就显得特别重要。

2. 在构成形式上，问卷多采用多种题型，主要由调查目的、被调查者背景资料、指导语、封闭式问题（选择题、填空题等）、开放式问题组成；而量表主要由指导语和封闭性问题组成，问题形式也较为单一，且格式统一，以李克特量表形式为主。

3. 在结果的解释和应用上，问卷只需就事论事，不需要建立常模，统计分析相对比较简单，多进行非参数统计与检验；量表的应用必须以常模或标准为参照，以此得出个体测评结果的相对位置或绝对水平，统计方法也较丰富和复杂，多使用参数检验。

4. 在标准化程度上，一般来讲，问卷的编制和使用可以适当降低标准。但在样本的选择和使用上，问卷的要求更高个些。

四、问卷编制的步骤

和心理测验的编制一样，问卷编制也要遵循一定步骤和程序。只有按照标准化程序编制的问卷，质量才能得到保证。一些研究者往往忽视这些必要的过程，尤其是对试用（预调查）重视不够，对问卷调查结果的有效性和可靠性带来不利影响。应该承认，问卷不仅仅是一种资料搜集的重要工具，问卷的编制与实施本身就是研究过程的一个重要组成部分。作为科学研究的一项重要环节，忽视或省略其中每一个步骤和程序，都会给研究结果带来不良后果。

问卷调查从确定问卷调查目的开始，到问卷正式实施后撰写问卷调查报告，主要包括问卷编制、实施和结果报告三个步骤。

步骤一，问卷的编制：前期准备；概念操作化；初步探索；编制初稿；试用；修订与定稿。

步骤二，问卷的实施：确定实施方案；正式使用。

步骤三，问卷的结果报告：编制问卷调查报告（包含对问卷的评价）。

（一）问卷编制的前期准备阶段

问卷编制的基础性准备工作主要包括以下方面。

1. 明确问卷调查的目标

这是基础中的基础，是问卷编制的起点与核心。主要是明确问卷在总体研究中的作用和目标，即通过问卷的编制和实施，希望得到关于哪些概念和观点的哪些资料。要思考和解决的问题包括：

总体研究目标是什么？

问卷中涉及的核心概念是什么？

有哪些核心概念？

这些概念与总体研究目标的关系如何？

2. 了解问卷调查样本属性

确定问卷调查目标之后，需要了解和分析问卷资料的可能来源，一是为问卷内容的初步探索和编制作好准备，二是为确定调查样本的抽样方案奠定基础。问卷的编制和使用，特别强调对被调查者样本的适用性和针对性。要根据样本属性设计问卷的内容和形式，思考和编写问卷的问题。专门针对中小学生的问卷调查比较简单，应主要考虑被调查对象的性别、年龄、学习状况、家庭状况等特征。针对教师和其他人员的问卷调查稍微复杂一些，还要考虑被调查者的其他属性。一般来讲，被调查者的属性特征包括：性别构成；年龄分布；民族；受教育程度（学历结构）；专业背景；职业构成；经济状况分布；价值观；宗教信仰；风俗习惯；生活方式；心理与人格特点；地域、社区分布等。

3. 明确问卷的类型和形式

根据问卷调查的目的和被调查者样本的属性，确定问卷的类型和形式。是采用结构型问卷，还是采用无结构型问卷；是以封闭式、客观性问题为主，还是以开放式、主观性问题为主；是集中向被调查者发送问卷，还是借助网络采用网上问卷。

4. 确定问卷结果的统计方式

在明确问卷调查目的之后，相应地要明确希望得到什么样的问卷调查结果，以什么样的方式得到所需要的问卷调查结果。是需要进行描述性统计，还是需要进行假设检验；是采用参数检验，还是采用非参数检验；以何种方式估计和提供测量误差，是报告抽样误差，还是报告测量误差。尽管这些统计都是在后期实施进行的，但是一定要在前期准备中提前予以明确。提前思考并确定这些问题，对后面问卷内容的设计和编写起着非常重要的作用。

（二）概念操作化阶段

在教育课题研究中，经常会涉及相对比较笼统、抽象的概念或问题，不可能直接提出观测变量和指标。这需要进行概念的操作化过程把抽象的研究主题转化为可操作的具体问题。

所谓概念的操作化，就是将教育课题或问卷调查中使用或需要测量的主要概念作出明确的界定。在概念操作化中要思考和解决的问题包括：

1. 问卷中涉及核心概念的内涵与外延；

2. 相关概念的具体边界；

3. 确定概念的观测变量；

4. 确定变量的操作性质指标。

（三）初步探索阶段

确定了问卷涉及的核心概念及其观测变量与操作性质指标之后，需要尝试着探索题目的编写。初步探索阶段就是要探索问题和选项的编写方式，获取编写题目的相关信息，以便对编写问卷初稿中遇到的提问方式、选项设计、题目的范围等问题形成一个初步印象。

探索性工作的常见方式：

1. 查询相关文献，探索类似研究内容采用的问卷和问题。

2. 进行初步的非结构化访谈。研究者要围绕研究目的与内容，与相关的专家、同行、被调查者进行自然、融洽的沟通和交流，从中获取对问卷中可能涉及的问题及看法、提问的方式、题目的形式、数量及顺序以及选项或答案的设计与安排等信息。

3. 利用探索性因子分析进行维度划分和确认。

（四）编制问卷初稿阶段

经过初步探索阶段，已经形成了问卷中问题和选项的初步印象，编制问卷的初稿。在社会调查问卷的编制过程中，一般采用自下而上的卡片法或自上而下的框图法两种方式来编制问卷的初稿。

卡片法的工作顺序是问题—部分—总体，基本步骤为：

1. 将初步探索得到的草拟问题和选项，写在卡片上，每卡一题；

2. 按照卡片上的题目内容或概念维度的分类，将卡片分成若干部分，每部分卡片都围绕相同的内容；

3. 按照一定的逻辑关系，将同一部分卡片中的问题按题型进行排序；

4. 根据整个问卷内容的逻辑关系，将各部分卡片进行排序；

5. 将所有卡片中的问题，按部分和题目顺序录入计算机，加上卷首语、指导语等内容，形成整个问卷的初稿；

6. 根据各部分问题的整体相关性和连贯性，对问题的局部顺序再作调整，之后排版、打印，以备试用。框图法的操作过程正好相反。首先根据研究假设和概念维度的逻辑关系，以书面方式设计出问卷内容的各个组成部分及相互顺序的框图；其次是在各部分内写出初步探索得到的问题和选项，并按照一定的逻辑关系排好问题的先后顺序；第三步是根据各部分问题的整体相关性和连贯性，再次调整问题的局部顺序，最后加上卷首语、指导语等内容形成整个问卷的初稿。

实际操作中可以将两种方法结合起来使用。用卡片法收集问题，用框图法设计结构。最后统一录入计算机，调整后打印试用。

（五）试用阶段

问卷初稿编制完成后，必须经过适用和修订才能在正式调查中使用。试用能够为问卷编制提供许多有用信息，是问卷修订和定稿的前提。试用的意义就如同心理测验的预测（pre-test），在问卷编制中作用重大，不容忽视和省略。因为问卷初稿在正式投入使用之前，必须经过实测检验才能发现问卷结构、问题内容、选项设计等方面存在的问题。试用的方法主要有专家评价法和预调查法两种：

1. 专家评价法

专家评价法是邀请相关领域的同行或专家，对问卷的概念维度、总体结构、问题设计、选项编排等问卷内容进行总体评价。所邀请的专家主要来自两个方面，一是来自相同研究领域的专家，二是来自被调查领域的专家。比如，要实施一项关于中学生心理问题的问卷调查，除了邀请心理学专家之外，也要邀请中学教育专家或中学教师参与问卷的试用评价。这样可以从研究与实践两个层面对问卷作出全面的判断和评价。专家评价法需要的评价专家人数不必很多，有条件的可以 5—10 人，条件不具备的情况下可以 2—3人。建议问卷的设计者本人作为"专家"的一员，也要认真参与问卷初稿的评价过程。亲自"正式地"做遍自己编制的问卷，从中会发现一些意想不到的问题，对于问卷的修订会很有帮助。

2. 预调查法

预调查法是从正式调查的被调查者总体中随机抽取一定数量的被调查者样本对问卷初稿进行预测试。预调查的实施过程和方式要与正式调查完全相同，参加预调查的被调查者样本应该是被调查者总体的一个代表性样本。通过预调查，可以及时发现问卷编制和实施中可能存在的各种缺陷和不足，避免正式调查中可能会出现的失误和问题。参加预调查的被调查者样本应该在30人以上，以便减少抽样误差，实施统计分析。

预调查之后，需要对问卷中的封闭式问题进行统计意义上的题目分析，删除区分度不高的题目。题目分析一般包括题目的回答率、难度、区分度、选项百分比等。难度和区分度分析一般只针对量表型问卷或问卷中的量表型问题使用。比如，可采用高分组（总分排序中前25%的预测样本）和低分组（总分排序中后25%的预测样本）在每道题目上的平均分之差作为区分度指标。除此之外，建议再对全体预调查样本计算每道题目和总分的相关。区分度越高的题目越有保留的价值。有些题目区分度不高，但确实有保留的价值，换句话说，题目的目标一致性高，也可保留。因为预调查样本毕竟比较小，难免存在样本有偏差的情况。如果题目不多，可再计算一下每道题目之间的相关。如果两道题目之间存在高相关（大于0.80），可考虑这两道题目是否存在重复或覆盖的情况。如有，应酌情删除其中一题。题目分析还包括对问卷中开放式问题的答案进行编码分析。

通过预调查可以发现问卷中可能存在以下问题：

①选项

选择率极低的选项（选择率在5%以下）；

过度集中的选项；

存在错误的选项；

选项排列顺序不当；

选项中其他问题。

②题目

与问卷调查目标不一致的题目（专家评价，题目与总分呈低相关）；

与概念维度不一致的题目（专家评价，题目与同类题目总分呈低相关）；

区分度为负值或比较低的题目；

存在错误选项或答案的题目；

多数被调查者没有回答的题目；

提法有误的题目；

题目中的其他问题。

③问卷

卷首语不完全；

指导语解释不清；

多数被调查者的问卷回答不全；问卷各部分排列顺序不当；

问题排列顺序不当；

文字错误；

排版、印刷错误；

问卷中的其他问题。

④问卷实施

问卷实施的时间和场合不当；

问卷实施的方式不当；

实施过程中的其他问题。

（六）修订与定稿阶段

经试用发现和检查出的问题需要进行修订。问卷修订应包括三方面的内容：修改、删除或替换不适用的题目，对问卷整体结构和版面做适当调整，对问卷调查的实施方案作出必要的修改。

问卷修订的核心工作还是调整题目和选项。此时遇到的一个典型问题是题目的删除和替换。由于试用阶段检测出与研究目的无关或存在致命错误的题目，对这些题目必须作删除处理。由于题目的减少，尤其是某一部分的题目减少很多时，可能会影响问卷的整体结构。这时需补充一些新的、未经测试的题目。为了解决这一问题，可以在问卷初稿中多预留一些题目，这样修订问卷时删减题目就不会影响问卷的整体结构。但是问卷初稿中预留的题目不宜过多，避免给参加试用的测试样本增加过多的负担。

这里涉及一个关键问题，即最后定稿问卷的题目数量应该为多少题最为适宜。在这方面并没有一个公认的统一标准。一般情况下，调查或测量简单或单一概念的问卷题数在 20-30 题目，一般 3-5 个维度，每个维度中的观测变量在预调查时以 8 个左右题目较为适宜，正式问卷每个维度 5 个题目左右。调查或测量含有多个概念维度的综合性概念的问卷（如对学生心理健康状况的调查问卷）题数可在几十个或上百个。此外，回答问卷的时间也可以作为衡量问卷题目数量的一个参考因素。简单或单一概念的问卷最好在 15 分钟内完成，综合性问卷最好在 30 分钟内完成。答卷时间太长会影响到被调查者的心态，不利于提高问卷的真实性和有效性。

问卷整体结构和版面的调整主要是检查问卷内容是否有遗漏或缺失，问卷各部分的比重是否合适，各部分及其题目间的先后顺序是否需要再做调整，各部分的衔接是否流畅、自然，版面的设计和编排是否合适，有没有再作调整的必要，等等。

五、问卷的结构和内容

（一）问卷结构

一般来讲，问卷主要由题目、前言（卷首语）、指导语、问题与选项、结束语五部分组成。不同类型的问卷由于目的、作用不同，在问卷各个组成部分上有不同的侧重。量表型问题组成的问卷都是封闭式问题，也不必包含结束语。

1. 标题

标题是调查内容高度简洁而概括的反映，它既要与研究内容一致，又要注意对被调查者的影响。如"幼儿园教师工作满意度调查""母亲养育方式评价量表"。

2. 前言（卷首语）

问卷的卷首语也称为封面信或前言，可以说是问卷的开场白。卷首语是写给调查对象的短信，目的是建立被调查者对研究者的信任关系，获取调查对象的理解、信任和支持。

主要内容包括：向被调查者简单介绍问卷调查的主要目的、意义、内容、保密承诺、研究者身份以及对参与者的表达感谢等。有的会将联系电话或电子信箱以及负责人也写在落款的下方，以表达真实和真诚。写作时注意：卷首语要简明精练，要件齐全，篇幅不易过长；卷首语的内容必须清晰、准确、真实；不使用专业术语、英文词语、缩略语，不过于口语化或文学化。

3. 指导语

指导语是关于问卷填写方式的注意事项，用来告知调查对象如何正确地填写问卷和回答问题。社会调查问卷中的指导语多以"填表说明"的方式出现。但是在教育研究的问卷调查中，指导语更偏向心理测验或量表的指导语。

指导语的作用主要体现两个方面，一是规范填写问卷的方语设计、编写不当，内容解释不清，就会促使调查对象按照自己的理解和方式填写问卷，或者由于不知道怎样做干脆放弃填写问卷。二是对问卷或问题中涉及的概念或关键词作出必要的解释或界定，指导调查对象按照统一的理解和方式回答问题，避免调查对象对答题内容和方法理解的不一致造成误答，以此来保证问卷填写内容的一致性和有效性。有的指导语包含在前言中，有的指导语是在具体的题目前对问题中的概念进行解释。例如，下面的问题是问关于身体攻击的。当一个或几个人用武器（如棍棒、刀或枪）或不用武器打另外一个人时，就是身体攻击。而力气差不多的两个学生相互打闹嬉戏不算是身体攻击。

4. 问题

问卷主要是由问题构成的。问题是问卷的主体，问卷调查的主要结果皆来自于对问题的回答和反应。问题由题干（问题内容）和选项（或答案）组成。在问卷中，由于调查目的、性质和特点不同，问题在内容、形式、编排方式上都有所不同。

（1）问题的类型

问卷中的问题按照所涉及的内容分为特征问题、行为问题和态度问题三种类型：

①特征问题

主要用于了解调查对象的个人背景信息和基本情况，包括被调查者的性别、年龄、民族、地域、文化程度、职务职称、专业背景、婚姻家庭状况、经济收入及其他社会经济状况等。特征问题的价值在两个方面，一是用于对实际参加问卷调查的被调查人群的社会特征分布作统计，作为问卷调查报告的内容之一，描述参加问卷调查的由哪些人构成，同时也用来分析调查样本对总体的代表性如何；二是作为分组变量来统计和分析具有不同社会特征的人群对问卷问题的不同态度及行为表现的分布情况、差异比较和因果关系。因此特征问题对研究性问卷来说是必不可少的组成部分。例如，对不同年龄段的调查对象进行分组，在满足样本抽样要求的条件下，可以推断出不同年龄段社会人群对某些问题的看法的分布情况，各年龄段之间观点是否存在统计学意义上的显著差异，进而分析研究形成这种差异的社会或心理原因。

例如，个人基本情况

性别：男 女

年龄：＿＿＿＿＿

民族：＿＿＿＿＿

学校所在：城市 乡村

父亲职业：

②行为问题

用来了解被调查者的实际行为、学习生活和工作状况等客观性内容，这些行为或状况可以是过去发生或存在的，也可以是正在发生或存在的。行为问题在关于社会生活状况的问卷调查中占有绝对比重。

例如，你每天花费在手机使用上的时间为：A. 1小时以下，B. 1至3小时，C. 4至5小时，D. 6小时以上

③态度问题

用来了解调查对象对事物的观点、看法、感觉、态度、意愿、情感等主观性内容，与行为问题一起构成问卷的核心内容。但是在研究性问卷调查中，态度问题的比重相对更高。例如，1. 您对××课程课堂教学的满意度为：A. 非常满意，B. 比较满意，C. 一般，D. 比较不满意，E. 很不满意

（2）问题的形式

按照问题的回答方式，可以将问卷中的问题分为封闭型、半封闭型和开放型三种形式。也可以根据题型不同分为填空题、单项选择题、多项选择题、排序题、问答题、量表题等。

①封闭型问题

提出的问题包含若干选项（备选答案），需要被调查者根据自己的实际情况或主观感受从中作出选择。根据具体题目的要求，可选择一个答案（多项单选题），也可以选择多个答案（多项多选题）。封闭型问题是问卷调查中最常见的问题形式。例如，你每天花费在手机使用上的时间为：A. 1小时以下，B. 1至3小时，C. 4至5小时，D. 6小时以上。

封闭型问题的主要特点是限制了回答问题的方向和数量，也就是限制了

问题的回答范围。其主要优势是：

◆ 回答问题简便，易于被调查对象所接受。一是回答问题的方式比较简便，不必费时费力去书写；二是问题的内容也相对易于回答，不必费时费力去构思。问卷调查中的封闭型问题，主要涉及调查对象的实际情况或主观感受，不需要调查者经过太多的思考，不必深思熟虑。这一点不像教育考试中的客观性试题，有时需要认真思考，甚至计算。

◆ 能增加问卷调查的信息量。由于便于回答，省时省力，因此问卷中封闭型问题的容量比较大。利用封闭型问题可以在相同单位时间内搜集相对较多的信息和资料。这一点非常符合问卷调查的目的和特点。

◆ 易于整理和统计分析。封闭型问题的编码十分简单，都是字符型或数字型变量，非常容易录入。对于被调查者特征、行为及态度的分布情况、差异比较和因果关系，也很方便进行描述统计和假设检验。

◆ 信息资料比较集中。在某些情况下，研究者只需了解调查对象在特定范围内的观点、态度或行为，即了解调查对象表明的具体态度和观点，不需要其他多余或无关的回答。这一特点使得封闭型问题特别适合于确定性问题，不适合探索性问题。

②半封闭型问题

主体还是封闭型问题，只不过是在备选答案的最后增加了一个选项"其他"。当研究者对问题答案的范围和数量不确定时，或者希望了解研究者制定范围之外的其他可能存在的状态，就需要使用半封闭型问题。半封闭型问题除了具备封闭型问题的一般优势之外，还兼具开放型问题的一些优点，因此在问卷调查中得到广泛应用。但是半封闭型问题增加了数据整理和编码的难度。例如，您认为孩子的不良习惯主要来自哪方面的影响？A. 模仿父母
B. 模仿同伴　C. 电视、电影　D. 溺爱娇惯　E. 其他_____

③开放型问题

不为问题设置可供选择的答案，而是由被调查者按照自己的实际情况或主观感受自拟答案，不受约束地自由回答问题。此类问题的答案是开放性的，没有统标准。封闭型问题一般置于问卷的中间或最后。例如，您认为什么样的老师是好老师？

5. 结束语

结束语并不是所有问卷都需要的，而且形式比较多样，没有较一致的形

式和内容。出于礼貌和整体的考虑，建议最好在问卷的结尾处编写一段简短的结束语。全部由封闭型问题组成的问卷或者量表可以不设置结束语。

结束语主要包括以下几种内容：再致感谢辞；请调查对象再次检查或复核问卷的填写内容；最后一个终结性问题（对相关问题的建议、评价、感想、补充意见或留言）；调查者的联系方式；最后一句注明"问卷到此结束"的提示。

（二）问卷编制注意问题

1. 题目要与研究目标直接相关

题目要与研究目标直接相关，一是意味着作为观测变量的题目能够反映潜在变量的情况，二是所有的题目要完整反映中心概念的维度。这是问卷编制的目的性原则对问题编写的具体要求。严格来讲，应保证问题中的每一句话、每一个字都与研究目的有关。完全无关的问题要删除，可有可无的问题要删除，虽然有关但无法进行后续处理的问题也要删除。由于问卷中的题目数量有限，每道题的有效性对整个问卷的有效性影响很大，因此要将问题与目标的一致性放在考查问题质量的首位来考虑。在选择调查对象的个人特征信息时要考虑：该特征是否与测量或调查目标有关，是否根据该特征进行数据分析。

2. 题意的表述应简洁明确，做到通俗易懂

如果问卷的题意表述不清楚，被调查者就不知道如何回答，势必会影响到被调查者的作答质量，而直接威胁到课题研究的可信度。要做到题意简洁明确，通俗易懂则应注意如下的四点要求：

（1）题目中所使用的术语应是每个被调查者都能明白的，不能用过于抽象的专业术语。例如，你家孩子的社会化程度如何？A 非常好，B 比较好，C 一般，D 比较不好，E 非常不好。"社会化"对一般的家长来说并不清楚它的含义。

（2）题目中的指代要具体明确。如"您认为大众传媒会对儿童产生影响吗？"这个问题的题意就不够清楚明确，大传传媒肯定会对儿童有影响，你到底问的是哪方面的影响？"对儿童的影响"有好有坏，"大众传媒"也有很多种类，而且所包含的范围太大。因而此题可改为"你家孩子会模仿电视中的暴力行为吗？"

（3）每个题目在表述上只能有一个疑问，不能兼问，即一题一问，不能同时问两个问题。如"你喜欢数学和音乐吗？"

（4）应尽量采用肯定的叙述方式，避免双重否定。如"您认为幼儿是否并非不应该观看动画片？"像这种双重否定的句式，无形中增加了被调查者对题意理解的难度。

3. 题目与答案要避免"社会认可效应"

所谓的"社会认可效应"，是指答卷人依社会评价标准作答，而非提供真实答案。例如，"您看到一个孩子跌倒了怎么办？""你写文章时经常抄袭别人的吗？"像这种问题一般会按照社会认可的方式回答，即使真实的情况并非如此。

4. 题目应避免带有启发或暗示等诱导性倾向

如果题意带有某种启发或暗示，被调查对象就有可能因受其诱导而产生特定的倾向性，从而影响到他们对问题的作答思路。所以，题目一般要求以中性的陈述方式来表述。如某研究者想了解家长对幼儿早期识字问题的看法。如果以"很多专家认为幼儿园不宜进行英语启蒙，您的意见呢？"容易引导答卷人做出与所暗示相一致的回答。

5. 题目的备选项目的列举要完整，各选项间的关系应具有排他性

假如某研究者想了解某幼儿园老师下班后的活动安排情况，并设计了这样的题目——"你的学历是："备选项为"A 初中及以下，B 高中，C 大专，D 本科"。像这种题目由于备选项列举不完整，而在上面的答案中却找不到"硕士及以上"的部分，那么硕士及以上的答卷人就有可能无法作答。各选项间的关系应具有排他性，即独立性。例如："你每天使用手机的时间是多长？"A. 1 小时及以下，B. 1-3 小时，C. 2-4 小时，D. 4 小时以上。这里的 B 和 C 选项的时间出现的重叠，不具有排他性和独立性。

6. 题目中选择答案的形式应考虑到对数据的处理方法

在设计题目时，最好是将对数据分析的决策与对答案形式的选择结合起来考虑。等级式的答案提供区间数据，适宜于用参数统计分析；排列式的答案提供顺序型数据，适宜于非参数数据统计；而表格式的答案经常提供称名数据，适宜于用"卡方"检验分析。此外，在设计题目时，如果研究者对问题的答案不是很清楚时，一般宜采用开放式题目；而对问题答案比较了解的，则常用封闭式题目。

7. 设计必要的防伪问题

调查的样本有限，如果相当一部分被调查者回答的内容不真实，或者前后回答不一致，那么问卷调查结果的有效性就值得怀疑，问卷本身也就失去了它应有的作用。需要指出的是，由于用于调查和研究的问卷一般篇幅都很短，专门设计并嵌入一个效度量表，既难以做到，也不符合实际需要。因此，需要将防伪问题和问卷内容作有限结合。可以在问卷中设计 3—5 对防伪问题。具体做法是，将同一个问题变换一种提问方式，形成一个新的问题，放置在问卷结构中的其他部分，与原有问题拉开一定距离。在一份问卷中，防伪问题的数量最多不宜超过问题总数的 10%。也就是说，50 道问题的问卷，最多可以再加 5 道防伪问题。这样设计的好处在于，防伪问题的一半可以作为正式问题来使用，既减少了问卷篇幅，又增加了防伪效果。

防伪问题的另一半一般不予计分，或者不计入问卷结果。如果所有防伪问题的作答都不一致，也就是说，对所有防伪问题的回答，都出现前后不一致的现象，这时整张问卷就要作废，问卷回答的结果无效。如果只是一少部分防伪问题的作答出现前后不一致，那么应该只将前后回答一致问题的一半问题计入问卷的结果。至于防伪问题以哪一半为主，可以由设计者自行决定，只要保证两个问题等值、等价即可。

8. 用好间接提问获得真实信息

问卷调查有时会不可避免地涉及一些敏感问题，需要了解被调查者的真实想法和行为，这也是问卷的特殊功能（因为是匿名作答）。当问题必须涉及到个人隐私、道德认知、社会禁忌等敏感性或刺激性内容时，尽量不要采用过于直接的提问方式，以减少被调查者的主动防卫和有意回避，减轻他们的心理压力。这时需要采用一种相对较为委婉的提问形式，即间接提问。常用以下 3 方法：

（1）投射法

将问题内容转移到第三方身上，让被调查者对第三方的态度或行为作出评价，以投射出被调查者本人对实际问题的真实想法。这样可以减轻被调查者的心理负担。

（2）假设法

假设问题涉及的情境出现，让被调查者按照假设的情境回答问题。例如，"假如你今后的生活中出现心理障碍（必要的解释），你会倾向采用哪种

方式来应对?" A. 主动寻求心理援助，B. 坚持自己承受，C. 没想好，

D. 其他

（3）从众法

利用社会心理学中的从众效应，将问题涉及的敏感内容扩大化，说明许多人都存在类似问题，而不是被调查者一个人的问题，使被调查者产生"法"不责众的心态，减轻心理压力，从而如实回答问题。例如："进入青春期，许多中学生都存在一定程度的心理障碍（必要的解释）。您是否也存在类似问题?" A. 是，B. 否，C. 不清楚。

9. 随时用敬语，从字面上表现出对参与人的尊重

问卷调查就像一场不见面的谈话，对谈话对象的必要尊重，是谈话能否顺利进行下去的前提条件。如果被调查者在问卷的字里行间体会不到必要的尊重，那么他随时有可能中断这场不见面的谈话，或者也以一种同样不敬的方式回答问卷中的问题。这些都不是我们愿意看到的。因此，为了提高问卷的有效性，务必在问题中体现出对被调查者的尊重和亲近。要用"您"，不要用"你"，要委婉地提问，不要生硬地问话。

10. 题目的编排要讲究技巧

（1）题目的排列应由易到难，先特征问题，后行为和态度问题；

（2）先次要问题，后主要问题，对回答后面的题目具有启发作用或奠基作用的问题应安排在前面；

（3）先封闭型问题，后开放型问题，敏感性问题和开放型问题宜放在问卷的后面；

（4）同类问题相近，即：相同主题或内容的问题排列在一起；

（5）互相检验或印证的问题相隔远一些；

（6）避免版面过度拥挤或多度分散，整个问卷的体例要统一。

（三）题目的质量分析

质量是问卷的生命。分析问卷的质量，可以从两个方面入手：首先是分析各个题目（问题）的质量；其次是评估问卷的总体质量。问卷中的题目分析包含问卷的回收率和有效率、题目的回答率及其计算方法、题目的难度及其计算方法、题目的区分度及其计算方法、题目的效度（题目与测试目标的一致性程度）及其计算方法以及如何对题目进行组间分析和选项分析。

1. 问卷的回收率和有效率

一般要求问卷的回收率不低于70%，问卷回收率公式：

问卷回收率＝收回的调查问卷数/发放出去的调查问卷数×100%

不同的问卷发放方式回收率差别很大，例如，邮件发放与现场发放相比，邮件发放的回收率低很多。因此，比起回收率，问卷的有效率以及题目的回答率更有说服力。

问卷有效率公式：

问卷有效率＝（实际收回数-无效回答数）/实际回收问卷数

2. 题目的回答率

（1）含义和计算方法

回答率是评估问卷资料有效性的一个基本参数。题目的回答率通常用调查有效样本中实际回答某题的人数占应该回答该题人数的百分比来表示。用公式可表示为：

题目的回答率＝该题目实际回答人数÷该题目应该回答人数×100%

在进行问卷调查时，调查结果的精确性取决于对某个问题提供答案的人。而对应该回答而未作答的题目，由于其产生的原因较为复杂—可能因为题目本身质量不高（如题目表述模糊、选项设置不合理）；题目敏感度太高（如问卷中涉及到私生活问题、对性的看法问题）使得被调查者产生心理排斥；被调查者对某些隐私信息（如女性不愿意回答身高、体重信息，职业人士不愿意提供薪酬信息）主观不愿意提供；甚至被调查者受某些客观因素制约（如不具备相应的填涂技能、文字理解能力较低、反应速度太慢）无法作答—所以难以对其影响进行客观测量。目前还没有一个可以接受的最小回答率的统一标准，但一般要求题目的回答率应在75%以上。

（2）题目回答率的修正方法

确实遇到回答率低于100%的情况，可采用两种方法进行修正：一是对未回答者进行重新调查；二是用统计方法对调查资料进行加权处理。

①对未回答者进行重新调查

$$调整后题目回答率＝最初题目的回答率＋\frac{未回答总人数×\dfrac{重新回答人数}{补救调查总人数}}{该题目应回答人数}$$

②对结果进行加权处理

例如，某课题组对中学生科学素质进行问卷调查，在抽样总样本 100 人中，大四学生占总样本量的 20%。由于某种原因，大四学生中只有 10 人对第 100 道题目进行了回答。在这种情况下，可以将大四学生对该题目的回答进行两倍加权。该方法要谨慎使用，运用时要做到：一是要对调查对象的实际情况作深入分析，适合是由于客观原因（如时间冲突导致部分大四学生未参加）使得题目的回答率降低的情况；二是要通过证据说明"回答者的结果与未回答者的结果具有相似性"这一前提假设成立，确保回答者的结果能较好代表整个群体；三是该方法尽量在某子样本的回答率显著低于该子样本在总体中的百分比的情况下使用。

3. 题目的难度

要对题目的难度进行评价，首先需要弄清题目的方差与其难度之间的关系。题目的方差 σ^2 与题目的难度 P 之间的关系可用下式表示：

$$\sigma^2 = P\ (1-P)$$

式中，σ^2 表示题目的方差；

P 表示题目的难度系数。

从中可看出，P [0，1]，题目的方差的范围是 [0，0.25]。当 P=0 或 1 时，$\sigma2$ 最小为 0；当 P=0.5 时，题目的方差 2 最大为 0.25。题目方差的大小，是反映题目鉴别能力高低的指标。题目的方差越大，题目的鉴别能力越强；题目的方差越小，题目的鉴别能力越弱。当题目的难度为 0.5 时，题目的鉴别能力最高。

题目的难度是评价一个题目好坏的重要指标，也是筛选题目的一个重要依据。题目的难度的取值范围是 [0，1]，如果某题目的难度指数 P=0，说明该题目太难，没有一个人答对；如果某题目的难度指数 P=1，说明该题目太易，所有人都答对。难度 P=0 和 P=1 的题目对被调查人员没有任何鉴别性，这样的题目一般需要在题目筛选过程中排除掉。

那么，问卷中各题目的难度多大合适？这是由问卷的性质和目的而定。一般选拔性测验或问卷中大部分题目的难度指数分布在 0.35—0.65 之间为宜，而且，问卷中所有题目的难度指数的平均数最好在 0.5 左右。这样不仅使整个问卷有较大的鉴别力，而且可以使得分数接近正态分布。

4. 题目的区分度

区分度是鉴别题目质量和筛选题目的一个重要指标。它的范围为 [−

1，1]。区分度为负值，说明在该题目得分高的被试其总分反而低，这样的题目可以用作反向题，但绝对不能作为正向题目使用。如果题目的区分度为正值，区分度值越大，其鉴别能力越高，题目的质量越好。

题目区分度评价表

题目区分度	题目质量	题目筛选决断
≥0.4	优秀	保留
0.3~0.39	良好	修改后保留
0.2~0.29	一般	较大修改后保留或删除
≤0.19	较差	删除

5. 题目的效度

（1）题目效度的含义

题目的效度指题目得分与外部效标分数之间的关联程度或相关程度。题目的鉴别能力可分为内部鉴别力和外部鉴别力。内部鉴别力，也可叫内部一致性程度，它反映题目得分与整个问卷总分或问卷中题目所对应的维度指标（在测量上也叫分量表）得分之间的一致性关系，通常用题目的区分度来表示，从这个意义上讲，题目的内部鉴别力也可称为题目的内部效度。外部鉴别力，就是通常所说的题目效度，它是从外部参照标准来评判题目有效性的一个指标，是反映题目对外部结果预测力大小的一项重要内容；同时，它也是影响整个问卷预测效度的一个重要方面。从这个意义上讲，题目的外部鉴别力也可称为题目的外部效度。

（2）题目效度的估计方法

根据效标变量性质的不同，题目效度的估计方法也有所差异。效标变量按性质可分为连续变量和离散变量两种，相应地，题目效度的估计也分为效标是连续变量情况下的题目效度估计和效标是离散变量情况下的题目效度估计。

①效标是连续变量情况下的题目效度估计

效标是连续变量，题目效度的估计方法与题目区分度的估计方法相同。凡可以用来估计题目区分度的任何一种方法，都可以用来估计题目的效度，只不过这里是将整个问卷总分或问卷中题目所对应的维度指标（分量表）的得分（也可统称为内部效标）换为外部效标。

例如，在中考前对某校学生进行应考心理调查，在调查问卷中有如下两道题目：

1：你有没有信心通过这次考试（有1，没有0）

2：你的整体复习状态（很好4，较好3，一般2，较差1，很差0）

其中10位学生的回答情况如下表所示：

题目效度估计原始数据表【数据来自问卷编制指导 p157】

学生序号	题1	题2	中考成绩	会考成绩	是否进入重点高中	学校对其总体评价
1	1	3	491	1	1	1
2	1	4	484	1	1	1
3	0	2	425	0	0	1
4	1	3	476	1	0	1
5	0	2	466	1	0	1
6	0	3	432	0	0	1
7	1	4	458	0	0	2
8	1	4	501	1	1	1
9	1	3	493	1	1	1
10	0	1	346	0	0	0

会考成绩中，1代表合格，0代表不合格。

中考结束后，现以"中考成绩"（连续变量，满分510分。数据见表中第4列）作为外部效标，来估计题1和题2的效度。

具体解答方法如下：题1是0—1记分变量，题2和中考成绩均为非0—1记分变量。题1的效度可用题1得分与中考成绩之间的点二列相关系数来表示，题2的效度可用题2得分与中考成绩之间的积差相关系数来表示。

经SPSS计算，题1得分与中考成绩之间的点二列相关系数 $r = 0.738$，即题1的效度为0.738；题2得分与中考成绩之间的积差相关系数为 $r = 0.761$。即题2的效度为0.761。题1和题2的效度都较高，说明题1得分和题2得分对中考成绩有较高的预测能力，即该题目得分高的被试，中考成绩总分偏高；该题目得分低的被试，中考成绩总分偏低。

②效标是离散变量情况下的题目效度估计

当两个变量都是二分变量，不管是真正的二分还是人为的二分，这两个变量之间的关系（题1得分与会考成绩、题1得分与是否进入重点高中之间的关系），都可以用卡方检验的 φ 相关（phi 相关）来表示。如果不是 2 * 2 列联相关，而是行列都大于 2，则采用卡方检验 R * C 列联表。

例题：求题 1 得分与是否进入重点高中之间的关系。

步骤：第一步：在 spss 中输入数据如图；

第二步：菜单—分析—描述统计—交叉表，打开交叉表对话框，将"题1"放入行，"入重点高中"放入列；

第三步：点击"统计"，弹出统计对话框，选择"卡方"和"phi 和克莱姆 v"选项，点击继续，返回主对话框，点击确定；

第四步：得出交叉表如下，φ 相关系数为 0.667，说明相关系数较高。

题1＊　入重点高中交叉表

计数

		入重点高中		总计
		0	1	
题1	0	4	0	4
	1	2	4	6
总计		6	4	10

卡方检验

	值	自由度	渐进显著性（双侧）	精确显著性（双侧）	精确显著性（单侧）
皮尔逊卡方	4.444[a]	1	.035		
连续性修正[b]	2.101	1	.147		
似然比	5.822	1	.016		
费希尔精确检验				.076	.071

	值	自由度	渐进显著性 （双侧）	精确显著性 （双侧）	精确显著性 （单侧）
线性关联	4.000	1	.046		
有效个案数	10				

a. 4 个单元格（100.0%）的期望计数小于 5。最小期望计数为 1.60。

b. 仅针对 2×2 表进行计算

对称测量

		值	渐进显著性
名义到名义	Phi	.667	.035
	克莱姆 V	.667	.035
有效个案数		10	

③题目不同题型之间分析方法

第一个题目		第二个题目		
		0—1 记分（是非题）	非 0—1 记分	
			连续计分	离散计分
0—1 记分（是非题）		四分相关法或 φ 相关	点二列相关	列联相关
非 0—1 记分	连续计分	点二列相关	积差相关	积差相关
	离散计分	列联相关	积差相关	列联相关或积差相关

题目分析总结如下表

200 名学生学能问卷 3 道题目的统计结果

题目	回答率	难度	区分度	题目效度[1]	题目组间相关[2]
15	60%	0.10	0.31	0.25	$r_{15-40}=0.45$
40	98%	0.60	0.58	0.50	$r_{15-50}=0.15$
50	50%	0.40	0.11	0.09	$r_{40-50}=0.12$

④题目选项分析

对题目的选项进行分析，其目的是考查正确答案是否起到了区分作用，错误答案是否起到了应有的干扰作用，以及高分组是否比低分组在某题目上的得分高，从而决定题目的去留并调整修改方向。题目选项分析的方法是，将所有被调查人员的总分从高到低排列，并从高、低两端各取27%作为高分组和低分组，然后比较这两组在每个题目各个选项上的选择情况。

例题：调查某校200名学生的学习能力倾向。高分组和低分组各54人（即200×27%）在4道题目（第1题、第2题、第3题、第4题）上的回答情况统计如下表所示：

问卷4道题目的选择情况

题号	组别	选答人数				正确答案
		A	B	C	D	
1	高分组	1	51*	2	0	B
	低风组	3	49	2	0	
2	高分组	21	18	0	15*	D
	低风组	18	31	2	3*	
3	高分组	40*	3	4	7	A
	低风组	18*	10	11	15	
4	高分组	16	10	16*	12	C
	低风组	13	14	22*	5	

分析：

①第1题，正确答案为B，高分组和低分组选择人数都很多，该题目区分作用不大，而且A、B、D三个选项干扰性太小。该题应当删去。

②第2题，正确答案为D，高分组和低分组选择人数都很少，而且错误选项A，高分组比低分组选择的人数还要多，错误选项C选择人数都少，未起到干扰作用。该题应当删去。

③第3题，正确答案为A，高分组比低分组选择人数明显多，而且在B、C、D三个错误选项上，低分组选择人数也多于高分组。该题选项设计合理，应当保留。

④第4题，正确答案为C，高分组比低分组选择人数少，而且在A、D两个错误选项上，高分组选择人数也多于低分组。该题选项设计不合理，应当删去。

6. 问卷的质量分析

问卷实质上是一种调查某种情况或测量人们的某些心理特质（如个性、

态度、兴趣、能力、风格等）的调查工具或测量工具，它的质量优劣直接关乎调查或测量结果的好坏。问卷质量的高低，主要是看问卷的信度和效度。信度主要包括再测信度、复本信度、内部一致性信度（包括分半信度、克隆巴赫 α 系数）。

（1）克隆巴赫 α 信度系数的 SPSS 操作

在实际调查中，因为时间精力的问题，一般选择分半信度或克隆巴赫 α 系数来进行信度计算。有时候会以维度为单位进行内部一致性信度的检测，再以整个问卷进行内部一致性信度检测。

例题：100 名学生参加发散思维能力测试，选取其中 1 个维度，6 个题目，求该维度的信度。

SPSS 操作步骤：

第一步：菜单—分析—标度—可靠性分析，打开可靠性分析界面，将 v1–v6 个题目放入"项"框中；

第二步：选择"Alpha"模型；

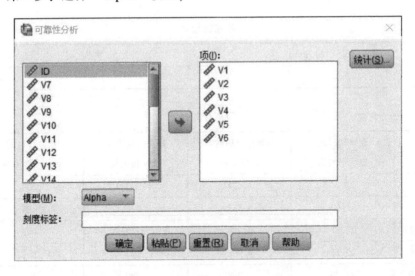

第三步：点击"统计"卡，选择"项"、"标度"、"删除项后的标度"点击继续，返回点击确定；

可靠性统计

克隆巴赫 Alpha	项数
.551	6

项总计统计

	删除项后的 标度平均值	删除项后的 标度方差	修正后的项与 总计相关性	删除项后的 克隆巴赫 Alpha
V1	22.74	4.437	.299	.503
V2	22.63	4.882	.380	.484
V3	22.87	4.296	.375	.465
V4	23.15	4.008	.199	.596
V5	22.70	4.798	.389	.477
V6	22.71	5.056	.273	.518

第四步：结果解读：克隆巴赫 α 系数为 0.551，删除项后的克隆巴赫 α 系数也没有明显提升，说明该维度的题目编制不理想。如果删除某项后，Alpha 系数增加幅度较大，说明整个量表 Alpha 系数较低是由该题目导致的，建

议对该题目进行删除。

（2）信度与问卷长度的关系

问卷的信度与问卷的长度、总分分数范围、题目的难度等因素有关。其中，问卷长度对信度的影响最大。问卷的长度是指问卷所包含的题目的数量。问卷的长度与问卷的信度之间的关系，可用斯皮尔曼—布朗通式进行表达：

$$r_{新}=nr_{原}/\left[1+(n-1)r_{原}\right]$$

式中，$r_{新}$表示问卷长度增长到 n 倍时的信度系数；

　　　　n 表示所欲延长的问卷长度与原问卷长度之比；

　　　　$r_{原}$表示原问卷长度的信度系数。

若问卷长度增加到原长度的 2 倍，这时所得到的公式 $r_{新}=2r_{原}/(1+r_{原})$ 即是斯皮尔曼—布朗分半信度公式。

根据上面公式也可以推导出新的信度水平需要增加题目的数量：

$$n=r_{新}(1-r_{原})/r_{原}(1-r_{新})$$

式中，n 表示增加题目后的问卷长度与现有问卷长度之比；

　　　　$r_{新}$表示长度增长到 n 倍后的问卷的信度系数；

　　　　$r_{原}$表示现有问卷的信度系数。

例题：某问卷有 10 个题目，信度为 0.6，问至少应再增加多少题目，才能使信度达到 0.8 以上？

解答：带入数值得：n=2.6，新的问卷的长度为 26 个题目，所以要再增加 16 个题目。

（3）效度的分析

不同计分方法的效标效度的计算：

效标关联效度的估计方法

调查分数记分方法	效标分数记分方法		
	0—1 记分	非 0—1 记分 （多级计分）	非 0—1 记分 （连续计分）
0—1 记分	四分相关法或 φ 相关法	列联相关法	点二列相关法

结构效度的计算：因素分析法

因素分析法的基本思想是根据相关性大小把题目得分进行分组，使得同组内题目得分间的相关高，而不同组内题目得分间的相关低。每个组就代表一个基本结构，即因素、维度。通过分析，可以识别和寻求出少数几个因素，来表示和解释多个题目得分间的相互关系，以及表明问卷的理论结构。

因素分析法有两种类型：探索性因素分析和验证性因素分析。探索性因素分析主要用来发现隐藏在题目背后的因素；验证性因素分析主要通过计算因素的假设负荷值与实际负荷值之间的吻合系数来对假设的模型进行验证。

第三节　访谈调查

一、访谈法的含义与特点

访谈调查法是研究者通过与研究对象进行面对面的交谈，以口头问答的形式来了解某人、某事、某种行为态度和教育现象的一种调查研究方法。访谈调查法基本的研究方式就是研究者根据课题研究的需要设计好要调查的问题，由访谈人员探访研究对象，面对面地逐一向研究对象提出问题让其口头回答，通过记录、整理和分析研究对象提供的口头资料来探讨和认识教育现象和教育问题。与问卷调查相比较，它具有的优点：

- 访谈不存在不回答的问题，提高回答率；
- 访谈可挖掘观点、行为或态度背后深层原因；
- 调查的完成可以做到标准化；
- 由于开放型题目获得回答，调查显得更加成功。

缺点也十分明显：费时费力。

二、访谈法的类型

（一）结构式、非结构式、半结构式访谈

1. 结构式访谈

结构式访谈是把问题和过程标准化，对所有被访者都问同样事先准备好的问题，通常把问题印制成问卷，在访谈过程中访问者按照问卷中的问题逐一提问并做好记录，被访者按要求口头回答。这种访谈方式容易控制过程，记录简便，收集的资料可以像问卷法那样整理、分析；但是这种访谈缺乏灵活性，无法发挥访谈双方的主动性，难以深入探究问题。

2. 非结构式访谈

非结构式访谈不预定访谈程序，不适用调查表格，对被访者的回答没有任何限制，访谈者事先确定的仅仅是调查的目的和问题的大致内容，访谈者可以自由提问，灵活掌控，随机应变。非结构式访谈可分为重点访谈和非引导性访谈。重点访谈是围绕某个主题进行，目的明确，重点突出；访谈者可以自行决定提问的方式、问题的表述，被访者也可在访谈者的启发下自由回答。非引导性访谈是访谈者对话题不做任何带引导性的提问，不建议、不启发，被访者可自由表达自己的想法。这种访谈方法可做较深入细致的调查，了解到一些调查方案中没考虑到的新情况、新问题，尤其适合于调查研究者难于事先把握的项目，但访谈过程不易控制，资料难于记录、统计与分析。

3. 半结构式访谈

半结构式访谈介于结构式与非结构式访谈之间，通常是先问事先准备好的问题，然后比较自由地交谈，可以弥补以上两种类型的不足。学前教育科研中通常使用结构式和半结构式访谈，非结构式访谈一般用于自传式或生命史研究。

（二）直接访谈与间接访谈

1. 直接访谈

直接访谈是访谈者与被访谈者以面对面的方式进行的访谈。优点是非语言信息（神态、表情、动作等）使得双方能发生相互影响、相互作用，提高沟通效率。缺点是可能会给被访者造成某些心理压力，访谈者的态度和行为可能对被访者产生某些影响，影响访谈结果的真实性。

2. 间接访谈

间接访谈是访谈者通过一定的中介物与被访者进行的访谈，一般有电话访谈、网络访谈等。优点是时间快、效率高。缺点是缺少非语言信息，难以评估所获得资料的真实性。

（三）个别访谈和集体访谈

1. 个别访谈

个别访谈是指由访谈者对被访者逐个进行的单独访谈。优点是保密性好。缺点是效率低。

2. 小组访谈

小组访谈是一名或数名调查者同时对两个以上的调查对象进行的访谈。使收集的资料更广泛，提高了效率；但很难保证每个访谈者都能充分地表达意见，对一些敏感问题也难以深入调查

三、访谈法的步骤与技巧

访谈是访谈者与被访谈者之间形成的一种社会互动交往过程，一般按照访谈准备、预备性谈话、正式提问、结束访谈四个步骤进行，与此同时需要注意相关的问题和掌握相应的技巧。

（一）访谈的准备

1. 确定访谈对象

访谈调查也需要从所有的研究对象中按照一定的方式随机地抽取一些研究对象进行访谈。访谈对象选定后，就要尽可能充分了解被访问者，例如其性别、年龄、职业、文化程度、经历、专长、当前的思想状况、身体状况和精神状况等，这对于顺利进入访问，与访问者建立良好的交谈气氛，提高访问的信度与效度大有好处。

2. 确定访谈形式

访谈调查开展前要根据研究目的和现实条件确定访谈方式（结构式访谈与非结构式访谈、个别访谈与集体访谈、面对面访谈与电话或网络访谈等），不同的访谈形式需要做的准备工作也不一样。

3. 准备访谈资料

访谈调查的开展需要准备如下资料：访谈工具（问卷、提纲或主题）、介绍信、身份或工作证件、记录本、录音工具等。

4. 熟悉访谈的内容与程序

教育科研中的访谈都是有计划、事先经过设计的，访谈者应对访谈提纲或问卷充分熟悉，尤其是访谈提纲或问卷中的问题和提问的先后顺序十分清楚，者不能在访谈时老是翻阅材料，这会影响与被访者的沟通与访谈气氛。

5. 确定访谈时间与地点

访谈时间与地点的选择应以有利于访谈对象毫无顾虑地充分表述意见为原则。一般来说比较适合访谈的时间应该为被访者的学习、工作、家务不繁

忙，且心情比较舒畅的时候。当然，围绕突发事件进行的访谈应以及时为原则，以防止因被访者的遗忘而丧失有价值的资料。访谈地点应根据研究的需要和被访者的意愿而定，但原则上应有一个相对安静的独立空间。

（二）预备性谈话

预备性谈话是在访谈双方正式接触之后，在正式访谈之前用来融洽双方关系、营造访谈气氛的非正式谈话。预备性谈话的内容不涉及访谈问题中的内容，但应有明确的任务。第一，访谈者应在被访者面前树立一个真诚、坦率、平和且负责任的个人形象，迅速与被访者建立相互信任、相互尊重的关系。这就需要访谈者一开始应出示身份证件和介绍信说明来意，可能的话最好请被访者的领导或熟人引见；访谈者应举止文明，言语得当，态度诚恳。第二，说明来意，介绍研究目的。访谈者要用简短的语言说明来访的目的以及为什么要进行此项研究，请求他的支持与合作，告诉被访者他是根据研究需要随机抽样选出来的。第三，消除被访者的各种顾虑，有准备地使谈话向访谈主题过渡。访谈者应根据被访者的背景资料和神态表现排除其心中可能存在的顾虑，并声明访谈不留姓名、所谈内容决不泄露，营造一个轻松活跃的谈话气氛。访谈者与被访者双方相互熟悉之后，访谈者借助话题顺势过渡到访谈主题。

（三）正式访谈

正式提问是访谈者根据研究的需要向被访者提出问题、征询意见、收集信息的交流过程，这是访谈调查中的关键步骤。访谈的过程是调查者提问的过程，因此提问成功与否是访谈能否顺利进行的一个关键，访谈者应做到以下几点。

1. 发问要口齿清晰、用语准确，且口气委婉、从容；

2. 题目转换尽量过渡自然。如果在访谈中向幼儿园老师提出一系列与工作有关的问题，随后又要提出一个毫无明显联系的家庭关系问题，那么这种从一个题目突然转换到另一个题目会使被访者毫无心理准备而产生困惑，这种转变应过渡自然，例如从工作问题转向家庭关系问题时可以说："你在园的工作压力已经挺大了，回到家中可以放松吗？"

3. 提问时态度要诚恳、谦逊，给予访谈者充分的思考与回答的时间，不要过于急促，否则被访者也会仓促简短回答问题，以致丢失有效的宝贵信息；

4. 始终有兴趣地倾听被访谈者对问题的回答，多利用表情、神态或及时用笔记录等方式鼓励其充分地表达意见和态度，引导被访者充分有效地回答问题；当被访者跑题时，需要进行引导性提问使他回到原来的主题上，例如，"你刚才谈的是××问题，很好，现在请您再谈谈××问题"等，切忌粗鲁地打断对方的谈话，或者说"你跑题了"、"你没按要求回答"等。

5. 访谈中要根据需要适时地发问与插话。访谈是一个动态过程，不可能完全按照某种模式进行，访谈者需要根据具体情况适时地发问与插话，例如，被访者只讲具体的活动情况，而不讲内在动机、当时的想法等；有时被访者谈话中途可能停顿一下等待访谈者暗示，以便开始另一个问题的谈话，这是访谈者提出准备好的问题的最好时机。有时为鼓励被访者，尤其是不善言表的人，访谈者要插几句鼓励或表示对刚才的谈话满意的话。

6. 根据被访者问题回答情况进行适时的追问。当被访者对问题的回答含糊不清时就要进行追问，以期引导调查对象作更准确更充分的回答，或至少给予一个最低限度可接受的回答。当回答前后矛盾不能自圆其说，或回答残缺不全不够完整时，也需要追询。追问可以采取正面的方式，即正面指出回答不真实、不具体、不准确，请对方补充回答。追问也可以采用侧面的方式，即换一个侧面或换一个角度、一个提法而追问相同的问题。追问特别是正面追问是一种比较尖锐的访问方式，容易引起被访向者的反感，因此追问一般放在访问后期进行，而且应当尽量采取中立的追问。贝利认为，一个中立的追问包括：

①复述问题。每当被访人支吾或看来并未理解问题时，应将问题再次进行复述。

②复述回答。当调查者不能肯定自己理解了被访人的回答时，可复述一下被访人的回答，以使回答者与调查者确证对回答作了正确的理解。

③表示理解和关心。访问者可表示自己已听到回答，从而激发回答者继续谈下去。

④停顿。若认为回答不完全，调查者可停顿不语，表示等待他继续谈完。

⑤一个中立的问题或评估。例如："你讲的这个是什么意思?"或"你是否能给我再多讲一些?"

7. 访谈过程中善用表情和动作，通过表情和行为表达一定的思想、感情，从而达到对访谈过程的支撑与补充。访谈者的表情与动作要符合被访者所谈的具体情境，当谈到挫折、不幸时，要有同情和惋惜的表情；谈到不平的事时，要有义愤的表示；谈到一些难以启齿的隐私时，要有理解的表示；谈到成就时要有高兴的表示。

8. 注意观察被访者谈话时的非语言行为，如表情、语气、姿势、动作，并及时地据此判断其所提供的信息资料的真实性、准确性和完整性。

（四）结束访谈

结束访谈是访谈的最后一个环节，有时比开始访谈还难以把握。访谈结束应注意以下问题：

1. 访谈不宜过长，适可而止。

2. 要把握住结束访谈时机。例如，有时被访者仍然很有兴趣，还有其他重要的话要说，而他自己又要求转换话题时，访谈者趁机插话，就可能圆满结束。有时双方都感到疲乏和厌倦，谈话很难进行下去了，这时应尽快结束谈话，最好问被访者："我们忽略了什么没有？""我们有没有什么地方没有谈到？"或"你还愿意告诉我些什么？"之类的问题以结束调查。最后要对被访者表示感谢。

四、焦点小组访谈法及实施步骤

1. 焦点小组访谈法含义

焦点小组访谈法，又称小组座谈法，就是采用小型座谈会的形式，挑选一组具有同质性的被试，由一个经过训练的主持人以一种无结构、自然的形式与一个具有代表性的 6-12 人小组交谈。从而获得对有关问题的深入了解，一般需要 60 到 90 分钟。如果人数 8 人以下，大家可以围成一圈进行交流。如果人数较多，例如达到了 20 人，则可以采用鱼缸式访谈法，一般需要6-8 把椅子放在内圈作为鱼缸，其他被试处于外圈作为观察者，每 15 分钟进行鱼缸成员与观察者交换位置，使得每个成员都有发言机会。鱼缸外的观察者需要认真观察和倾听，以便他们在小组讨论中既要成为观点的贡献者，又要成为负责的倾听者。

2. 实施步骤

（1）界定问题，对研究问题内涵和外延进行界定和操作化处理。

（2）抽样，确定参与者。因为焦点小组调查的规模较小，研究者必须确定较小范围的调查对象，使得调查对象对于调查目的的实现具有极强的针对性。

（3）确定调查团体的数目。由于无法知道单个的一次性结果是该组人员特殊的见解还是广大受众的意见，因此焦点小组调查研究很少仅用一组样本。即研究者在研究同一主题时会对两个或更多团体进行调查，并就结果进行比较，以避免出现样本缺乏代表性的问题。我们要选择多少个小组呢？每个小组中的参与者应该是多少人呢？小组数目的选择要根据研究的目的和可利用的资源来确定。如果采用焦点小组仅仅是为了一些探究性的目的或者是为了给一个更大的研究——例如是问卷调查搜集想法的话，那么通常来说，2-4个小组也就够了。但如果焦点小组访谈法是为一项数据搜集工作提供更中心和有实质意义的信息，其数目就需要超过6组了，否则很难证明其科学性。在决定焦点小组的数目时参考的原则是，一直到不同访谈小组的结果开始重复，很少再有新素材产生出来即可。决定焦点小组数目的主要因素是不同小组之间的比较类型，如果研究的目的在于考察由于各种不同群体的差异存在，就需要大量的小组来表现各个角度的差异。例如社会阶层、性别、年龄的不同人群对于教育公平的态度。

（4）准备研究。包括安排召集调查对象、问卷或提纲的准备、预定进行调查的场地、决定使用何种记录形式（录音或录像）、选择及聘请与调查有关的主持人以及确定支付接受调查者的报酬等。

（5）实施调查。主持人在座谈开始时就应该亲切热情地感谢大家的参与，并向大家解释焦点小组座谈的目的和规则，使参与者尽量放松。然后，真实坦诚地介绍自己，并请参与者都一一自我介绍。沟通规则一般应该包括以下内容，并诚恳地告诉参与者：

☐ 不存在不正确的意见，你怎么认为就怎么说，只要你说出真心话；

☐ 你的意见代表着其他很多像你一样的消费者的意见，所以很重要；

☐ 应该认真听取别人意见，不允许嘲笑贬低；

☐ 不要互相议论，应该依次大声说出；

☐ 不要关心主持人的观点，主持人对这个调研课题跟大家一样，主持人不是专家；

☐ 如果你对某个话题不了解，或没有见解，不必担心，也不必勉强地临时编撰；

　　□ 为了能在预定时间内完成所有问题，请原谅主持人可能会打断你的发言等。

　　（6）分析资料，撰写报告。

　　焦点小组访谈会产生大量的文本数据，即使是一次人数相对较少的焦点小组访谈，也会产生几百页的文稿。如何对这些素材进行分析呢？一方面，要对文稿进行通读，选择出那些"显著"或者具有"代表性"的能够对研究者的想法和他们正在研究的现象和过程起到论证、加强或者平衡作用的纲领性词语；另一方面，又要保持一种开放性，随时接受讨论过程中出现的新观点、意想不到的反应以及没意料到的争吵等等这些事物。在报告中，一般来说包含下列信息：

　　□ 访谈调查的目的和内容是什么？

　　□ 参与者是谁？以及他们表达了什么内容？

　　□ 他们是怎么被征集来的？

　　□ 访谈的地点以及访谈的主持者

　　□ 访谈的形式

　　□ 记录以及分析访谈的内容

第七章　教育实验法

第一节　教育实验法概述

一、教育实验法的含义

一般来说，教育实验法有广义与狭义之分。

狭义的教育实验法是指研究者按照研究目的，合理地控制或创设一定条件，人为地变革研究对象，从而验证假设，探讨教育现象因果关系，揭示教育规律的一种研究方法。如，"幼儿园识字教学实验研究""幼儿观察力发展的实验研究""对幼儿自控能力培养的实验研究"等，均属于运用教育实验法对幼儿教育现象进行的研究探索。广义的教育实验不仅包括狭义上的教育实验，而且也包括所有新的、处于尝试阶段与变革阶段的教育活动与实践。另外，在教育实验研究发展的早期，以宏观的观察、思维为主要形式，以定性描述为主要手段，对社会改革性质或教育革新性质的干预性研究也被界定为广义的教育实验。这里要探讨的，是以控制和操纵变量为手段，以揭示变量间的因果关系为目的、狭义上的教育实验。

二、实验法的特点

（一）以假设为前提

教育实验研究着眼于对变量之间那些尚未知晓的深层因果联系做出推测，并在一定控制条件下进行观察和分析推理。在教育实验研究中往往是以建立研究假设的形式来表述这种推测。

（二）干预性

为了探索变量间预期的因果关系，教育实验研究对变量的客观过程进行主动的干预，这是实验法不同于观察法和调查法的根本特点。观察法与调查法都是在不干预研究对象的前提下去认识研究对象，发现其中的问题，而教育实验法是主动操纵、控制实验条件，人为地改变对象的存在方式、变化过程，使它服从于科学认识的需要。

（三）教育实验的变量控制难度大

实验研究法所遵从的一个最高法则就是要把所有无关干扰变量全部予以控制，只留下单独的一个实验变量由实验者来加以操纵，以观察因变量是否随自变量的变化而变化。但教育科学研究的对象是实际教育情境中的个体，其情境或个体本身都十分复杂，无法以实验室的控制方法将实验变量以外的其他变量完全分离出来，所以，只好简化实验控制的条件。实验人员和实验过程所带来的副效应。例如霍桑效应，是一种实验者效应。指那些意识到自己正在被别人观察的个人具有改变自己行为的倾向；罗森塔尔效应，又叫期望效应、皮格马利翁效应。指实验人员的期望对实验效果的影响，被试因知道自己参加实验而引起的积极性提高，发挥或表现出较之平时更佳的水平；约翰·亨利效应：对比组对实验组实验措施的暗中模仿或"较劲"，导致实验组与对比组在实验处理上的区别模糊不清。

三、实验法的类型

按照不同的分类标准，教育实验研究法可以分成不同的类型

（一）按实验进行的场所来分

1. 实验室实验

实验室实验，是在实验室内或模拟生活环境高度控制的实验场地操纵自变量，控制无关变量，探究自变量与因变量的关系的研究。实验室实验用于教育科学研究，一般以研究人的心理活动变化及规律为较多，且以生理心理、心理物理等研究为更多。实验室实验用于教育实际的研究则较为少见。

2. 自然实验

自然实验，又称现场实验，是在真实的教育情境中，尽可能地操纵自变量。

（二）按自变量因素的多少来分

1. 单因素实验

单因素实验，又称单一变量实验，指在实验中只施加一种实验变量的实验。如在进行某学科教学时，对实验班与对照班，同一教师将课时、教材、大纲等各种因素均控制不变，仅将教法这一因素作为自变量，看是否会影响学习效果，即为单因素实验。

2. 双因素实验

双因素实验，又称双变量实验，指在实验中施加两种实验变量的实验。双因素实验较单因素实验对变量控制的要求更严，实验的结果也更加多样化。

3. 多因素实验

多因素实验，又称组合变量实验，指在实验中施加两种以上实验变量的实验。

（三）按实验的组织形式来分

1. 单组实验

单组实验，指在一个组内将实验前的情况与实验后的结果做比较分析的实验。

2. 等组实验

等组实验，指按使两组被试的某些条件基本相同的原则，将被试一一匹配成对，然后将每对被试随机分入实验组和对照组，对两组被试施加不同实验变量后的结果做比较分析的实验。

3. 轮组实验

轮组实验，指将各实验变量轮换地在两个或几个组内进行实验，最终将各实验变量在每个组内取得的结果相加并进行比较，以制订各实验变量效果的作用。

（四）按实验的研究目的来分为探索性实验和验证性实验。

（五）按对实验控制的程度来分

1. 真实性

真实验又称标准实验，指严格控制所有影响因变量的因素的实验。

2. 准实验

准实验，又称半实验，指无法对被试进行随机取样，能对一部分无关变量进行控制，自变量有时无法有效地加以操纵。准实验有多种，其中较普遍的典型形式是"非随机分配一组控制前、后测实验"。准实验内在效度较真实验差，但因实验情境与教学环境相似，外在效度高，且这种实验设计不打乱自然班组，实施方便，故在实际上最为常用。

3. 前实验

前实验，指无法随机分配被试，不能有效地控制无关变量，往往无法验证自变量与因变量的因果关系，也很难将实验结果推论到实验以外的其他群体或情境，内外效度均很差。

四、教育实验研究法的一般程序

教育实验的全过程可分为"准备——实施——总结"三个基本阶段。

（一）实验的准备阶段

教育实验成功与否，很大程度上取决于实验前的准备工作。具体包括以下内容：

1. 选定实验研究的课题形成研究假说。在概述假设的陈述句中，要清楚地表明自变量和因变量的关系。一般来说，一个实验至少被一种假设指导，陈述两列变量间所期望的因果关系。

2. 明确实验目的，确定指导实验的理论框架。这种指导性理论，启发研究者按照研究目的对实验研究的方向、范围以及如何搜集、分析和解释数据资料作出明确的具体规定。

3. 确定实验的自变量。选择被试和形成被试组，决定每组进行什么样的实验处理，并确定操作定义。

4. 选择适合的测量工具并决定采用什么样的统计方法，从而明确评价因变量的指标。

5. 选择实验设计类型，确定控制无关因素的措施，以最大限度地提高实验的内部效度和外部效度。

（二）实验的实施阶段

按照实验设计进行教育实验，观测由此而产生的效应，并记录实验所获得的资料、数据等。

（三）实验结果的总结评价阶段

要对实验中取得的资料数据进行处理分析，确定误差的范围，从而对研究假设进行检验，最后得出科学结论。在实验研究结果分析的基础上，写出实验报告。

第二节　教育实验模式设计

一、关于讨论实验设计类型时所用的符号

X：表示一种实验处理（treatment）。

C：控制的变量（Control Variable）。

O：表示一次测试或观察，是实验处理前或后的观察和测定（pretest or post test observation）。

R：表示被试已被随机选择分配和控制（Random assignment of subjects to groups）。

二、实验设计的模式

（一）单组后测设计

　　　　　　　设计模式：G　　　　　X　　　O

这种实验设计不能控制无关变量的影响，内外效度都不高。

（二）单组前后测设计

　　　　　　　设计模式：G　　　O_1　　　X　　　O_2

这种实验设计优点：

通过前后测可以提供每一被试在实验处理前后两次观测条件下行为变化的直接数据，能明显地验明实验处理的效果。

局限在于：

1. 由于没有控制组做比较，不能控制历史、成熟及统计回归。

2. 前测可能影响后测（处理效果），产生实验误差。一般有两种情况：一是前后测相距时间如果很短，被试可能由于前测产生的练习效应，对后测

内容敏感以及疲劳效应等而影响实验的结果；二是如果前后测相距时间过长，那么会出现保持与遗忘的个别差异的问题，致使不易分辨出确实是由自变量引起的反应变量，还是受无关变量干扰的结果。

（三）前后测有控制组设计

设计模式：RG1　　　O_1　　　X　　　O_2

　　　　　　RG2　　　O_3　　　C　　　O_4

这是一种最基本、最典型的实验设计。关于研究结果的统计分析：如果两组前测分数的平均数基本相同，则将通过后测得到的两组平均数之差数进行有关两个独立组平均分数参数的 t 检验。差异显著，则说明这种差异是实验处理的结果。如果前测中发现两组不等值，则必须参照前测成绩对后测成绩作相应的分析与修正，对两组后测的增值平均数进行比较，求出两组变化分数，再进行 t 检验。

这种实验设计的优点是：由于利用随机分派方法分出两个对等组，就可以控制"选择"、"被试缺失"等因素对实验结果的干扰；都进行了前后测，便于作对照比较。如果在前后测之间这段时间内，有什么情况影响，或"成熟"、"测验"、"统计回归"等无关因素发生了干扰，则两组是相同的。它的局限在于：可能产生前测与实验处理的交互作用效果而影响外在效度。

（四）所罗门四组设计

设计模式：RG1　　　O_1　　　X　　　O_2

　　　　　　RG2　　　O_3　　　C　　　O_4

　　　　　　RG2　　　X　　　O_5

　　　　　　RG2　　　C　　　O_6

该设计特点：随机选择被试和分组；两组有前测，两组没有前测；一个前测组和一个无前测组接受实验处理；四个组都有后测。这一设计是把实验组、控制组前后测设计与只有后测的设计加以组合，将有无前测这一变量纳入实验设计之中，将其变量所造成的差异数部分从总变异数中排除出去，以检验实验处理所产生的影响是否显著，内外在效度较高。这是一种较理想的实验设计。

统计分析：进行检验，可用独立样本 2（有无前测）X2（有无实验处理）的变异数分析方法来分析实验结果。

优点：

1. 可以将前测的反复效应分离出来，综合以上两种设计的优点，克服二者的缺点。

2. 实验者等于重复做了四个实验，可以做出四种比较。

3. 可运用 2X2 方差分析来处理该四组实验数据。

局限：在于往往很难找到四组同质的被试；被试的数目多时，数据分析比较困难。因此一般不适用于探索性实验，而适用于决断性实验。

（五）因素设计

因素设计是指在同一实验研究中，操纵两个或多个变量（因素）的设计，也称析因设计。这种设计的特点，是将实验中每一变量的各个水平都结合起来进行实验。这种设计不是单因素设计的简单组合，而是更真切表现教育实际现象和过程中各种因素之间的复杂关系，而且有更好的外在效度。因素设计的优点一般表现在两方面：因素设计只需一个设计，经济方便，并非要对每一自变量都提供不同的设计，且可以研究变量间的交互作用。就许多研究而言，研究变量间的交互作用非常重要。交互作用是对因变量的影响，这样自变量的影响便不能与另一水平保持一致。当两个自变量的联合影响与它们分开的（增加的）不等时，便出现了交互作用。这就意味着一自变量本身的影响与它和其他自变量水平混合时是不同的。不同水平的学生从不同教学法中受益不等，便是交互作用的实例。能力水平和教学法为自变量。交互作用最简单的类型是两个变量间的交互作用。有时我们称其为一次交互。交互作用中可能包括两个或两个以上的自变量。然而，自变量越多，交互作用越复杂，解释起来也就越困难。

因素设计有两因素设计、三因素设计、多因素设计。每个因素又有 2 个或以上种水平。例如 2X2X3 是一个三因素设计，其水平分别为 2 水平、2 水平、3 水平。2X2 的两因素实验设计是最简单而应用最广的多因素设计。因素和水平数过多，会使实验变得十分复杂而难以进行。下面以 2X2 的两因素实验设计举例说明。

案例1：用传统教学法和翻转课堂教学法对 60 名高水平学生和 60 名低水平学生进行教学，看翻转课堂教学法对于提高成绩是否有作用，是否与学生水平有交互作用。

分析：两个自变量，即两个因素：教学法和生源质量，分别有两个水平：传统教学法和翻转课堂教学法、优生班和差生班。

		学生水平	
		高水平 b1	低水平 b2
教学法	传统教学法 a1	a1b1	a1b2
	翻转课堂教学法 a2	a2b1	a2b2

案例 2：研究两种营养液 A、B 对促进人体红细胞增加数的影响，采用 2×2 析因设计，选取了 20 个被试进行了实验，获得实验数据，问 A、B 两种营养液对红细胞增加有无作用，A、B 因素之间有无交互作用。

（六）重复测量设计

重复测量资料是指对同一批受试对象的同一观测指标在不同时间点上进行多次测量所得的资料，其目的就是观察不同时间点的动态变化趋势特征。因为资料的类型分为数值变量、分类变量和等级变量，因此重复测量数据分析就会相应产生这三类资料的重复测量数据分析，数值变量的重复测量最为常用。

在一些实验中，被试要接受多次相同的测量。例如在学习实验中，被试常常完成一系列任务，如解决一系列问题，以了解学习是否已经发生了。重复测量也有前面已提到的设计的特点，例如，任何实验处理实施前都要进行前测。更为普遍的是，重复测量仅被当成后测。至于在一个因素设计中，其他的自变量可以在其中。实际上，许多重复测量设计是因素设计，外加重复测量的特点。

重复设计最简单的形式是对所有的被试进行实验处理。如果有 k 个实验处理和 n 个被试，则设计可如图表示如下：

S_1　X_1—O—X_2—O…X_k—O

S_2　X_1—O—X_2—O…X_k—O

S_3　X_1—O—X_2—O…X_k—O

S_n　X_1—O—X_2—O…X_k—O

S 表示特定的被试，所有被试接受相同方法的实理处理。O 在图中表示每一实验处理之后都对因变量进行的测量。

（七）轮组实验设计

（1）基本模式：G_1：O_1　X_1　O_2　X_2　O_3

　　　　　　　　G_2：O_4　X_2　O_5　X_1　O_6

轮组实验设计，也称平衡设计，是对不同的组以不同的顺序，轮流施加不同处理的实验设计。

操作时要使每一个组接受实验组合的影响，即让每组被试同时接受不同的实验处理，第一轮实验以后，测量两组的教学效果，再将两种处理轮换对调，进行第二轮实验（两级实验的时间相等），再次测量两组的教学效果，然后将测量结果进行比较。

（2）优点：

在轮组设计中，主要无关因子对反应变量的影响在对调轮换过程中相互抵消了，因而实验设计较为可靠。

（3）不足：

但因对两组实验对象分别进行实验处理，实验时间延长了一倍，花费的人力、物力也相应增加了一倍，比较麻烦。况且中途轮换教材、教法不易保证学习的系统性，因此轮组实验在教学中用得不是很多。

第八章 教育行动研究法

第一节 教育行动研究法概述

一、教育行动研究法含义

教育行动研究法是教育研究者（如教师）对其自身的教育实践（行为）进行反思性研究，或将教育研究与教育行动结合起来反复探索的一种研究方法。具体而言，它是教育实践工作者以实际工作的需要为目的，自行探讨和解决教育实践工作中出现的问题，自行应用即时的研究成果的研究方法。即一边行动一边研究，将教育行动与教育研究交错进行的一种直接的教育研究方法。行动研究法将改革行动与研究工作结合起来，在教育实践中研究问题。它也是教育研究人员和教师一起探索实际问题，开展教育教学改革所不可缺少的一种方法。也有人称行动研究为合作研究、作业研究、现场研究等。

行动研究（action research）是 1930 年以来，教育与社会心理学者逐渐使用的一种研究方法。美国心理学家勒温（Kurt Lewin）于 1946 年提出了行动研究法的概念。美国的柯雷（Stephen M. Corey）是行动研究法的主要提倡者，他把行动研究法一词广泛介绍到教育界，并于 1953 年出版《以行动研究法改进学校措施》一书。该书指出："所有教育上的研究工作，经由学生、辅导人员。行政人员及家长、支持者能不断检讨学校措施，学校才能适应现代生活之要求。故此等人员必须个别及集体采取积极态度，运用其创造思考，指出应该改变之措施，并勇敢地加以试验；且须讲求方法，有系统地搜集证据，以确定新措施之价值。这种方法就是行动研究法。"[1]

---

[1] 林淑玲. 教育研究法 [M]. 台北：复文图书出版社，1990.

二、教育行动研究法的基本特点

1. 研究者就是教育实践工作者，重视与专门研究者合作。这种方法通常是由教师、教育行政人员及其他教育人员加以应用的，他们运用这种方法解决自己在工作中遇到的问题。教育实践工作者既是工作的执行者，又是问题的研究者，扮演双重角色。这种方法也同样注重执行者（如教育管理者或教师）与研究者（如学者）的共同合作。研究成员可由专家、研究人员、行政领导、教育管理人员、教师等联合组成。

2. 以研究者本人为研究"工具"，以其自身的教育实践为研究对象。这种方法以研究者本人为研究工具，研究者与其实践的环境互动，直接探究其在实践中出现的情况和问题。例如，在校本行动研究中、教师或教育管理人员，既是教育工作（行动）者，也是教育研究者，他们的研究资料是直接从实践中获得的，他们的研究对象就是他们自身的实践认识或是本校发生的问题。现实的班级或学校是研究的环境。教师或教育管理人员，既是研究主体（研究者），又是研究客体（研究对象是研究者的教育行动、实践过程），还是研究工具（研究者亲自体验、感悟，直接从实践中获得研究信息）。由于研究的对象具有特殊性，所以研究所得的结论一般只适用于本校。只能在此时此地解决实际问题，不能无限制地推广应用。外部效度不高。

3. 研究结果使现状得以改进，也令实际工作者提高素质。这种方法所取得的研究成果，可即时直接用于改进现实工作，指导教育教学改革，因此具有较大的实用价值。教育实际工作者在运用这种方法的过程中，一边实践一边研究，从行动中寻找问题，发现问题，更从行动中解决问题，使工作有效改进，从而提高了自身的教育素质。

4. 改革行动与研究工作有机结合。这种方法把教育改革与教育研究有机地结合起来。教育研究是教育改革行动的指南，教育改革行动又是教育研究的向导。行动研究法成为教育研究与教育改革实践之间的桥梁或纽带。①

行动研究的特点包含了它的优点，然而它的局限性也是不可忽视的。首先，它的研究情境无法做较精密的操作和控制，缺乏系统性，因而研究结论

---

① 王坚红．学前儿童发展与教育科学研究方法［M］．北京：人民教育出版社，1991.

缺乏可靠性和说服力。其次，它的研究范围较小，对象特殊，欠缺代表性，因而不能类推到其他情境。总之，由于行动研究对自变量控制成分少，在操作上也尚不符合科学的严格要求，内部效度低；样本受到限制，研究结论无推广价值，缺乏外部效度。因此，从严格意义上说，行动研究不是一种科学的研究方法。

三、行动研究与一般教育研究的比较（表3-1）[①]。

表3-1　一般的教育研究与行动研究的差异

范围	一般的教育研究	行动研究
需要的训练	在测量、统计学和研究方法方面需要接受广泛的训练。教育领域所做的许多科学研究，由于缺乏受过这些方面训练的研究者，以致稍嫌脆弱	该项研究通常不需要严格的设计和分析，所需的统计学和研究法的训练，也是有限度的。研究者在教育测量方面所接受的训练较教师拥有的为多。即使教师的研究技巧欠佳，好的行动研究也可借助咨询者协助进行
目的	获取的知识，可普遍应用于大的母群体；发展与考验理论	获取的知识，能直接应用于当地的教室情境，以及给参与研究的教师实施在职训练
研究问题的探求	借助各种方法认定问题。研究工作者必须了解问题，但通常不直接涉及其中	认定的问题是在学校情境中发生的，这足以引起研究工作者困扰，或干扰其教学效率
假设	发展出来极特定的假设，可运用操作定义界定之，且可考验	问题的特点说明常被视同假设。理想而言，行动研究假设必须接近正式研究所要求的严谨程度
文献阅览	通常须就直接资料作广泛地阅览，并赋予研究工作者充分了解该研究领域现有的知识。这么做，可将他人累积而得的知识建立起来	给教师阅览可用的间接资料，但对被研究的领域有一般性的了解。几乎不曾对直接资料做完整而无遗漏地探讨
抽样	研究工作者试图从研究的母群体中获随机的或不偏的样本，但通常无法圆满达成	班级的教师或做研究的教师，通常以该班可用的学生做受试者

---

① 陈伯璋. 教育研究方法的新取向［M］. 台北：南宏图书公司印行, 1989.

续表

范围	一般的教育研究	行动研究
实施设计	于展开研究之前、进行详细、有计划地设计。注意重点在于维持供比较用的条件，并减低错误与偏见。控制无关的变量至为重要	在开始研究以前，依一般的方式来设计程序。在研究期间，施予变化，以了解这些变化是否可改进教学情境。对于实验条件的控制，较少关注。由于参与的教师自我投入研究情境，通常会显现偏见
测量	努力选取最有效的测量工具。全面评鉴可用的评量工具，并在进行研究之前，对这些测量工具做预试工作	较诸科学的研究，对于测量工具的评鉴，显得较不严谨。参与者缺乏使用与评鉴教育评量工具的训练，但可透过咨询者的协助，进行令人满意的工作
资料分析	经常要求复杂的分析。由于将结果普遍化是研究的目的之一，通常要强调统计上的显著性	简单的分析通常就够用。强调实用的显著性，而非统计的显著性。参与教师的主观意见经常赋予较重的分量
结果应用	结果是可普遍应用的，但许多有用的发现无法应用于教育实际。研究工作者与教师之间训练与经验的差异，会产生严重的沟通问题	发现可立即应用于参与教师的班级，并经常可导致持久性的改良。结果的应用很少超过参与教师的范围

第二节　教育行动研究法实施模式

行动研究法产生以来，人们除了公认行动研究法是一种扩展的螺旋式结构外，对于实施的具体步骤提出了各自不同的看法，现在介绍以下两种行动研究的模式：

一、模式一：目标—计划—行动—评价

（一）发现问题。应在本校或本地的教育教学实践中发现问题，要以敏锐的观察力和根据实践活动中的深刻感受去发现有待解决的问题。所发现的问题一般是小而独特的。

（二）界定问题。对研究问题进行明确的界定，从而确定问题的范围。

（三）文献探讨。对前人有关问题的研究文献进行分析、总结和研

究，以弄清研究背景，确定研究起点，拓宽研究视野。

（四）拟订研究计划。一份完整的研究计划，一般应包括：标题、问题的陈述、研究目的与假设。研究对象或范围、研究方法及步骤、研究时间安排、研究资料、经费来源、人员及工作分配等。

（五）执行研究计划。根据所拟订的研究计划去搜集资料，分析问题和解答问题。

（六）拟订行动方案。根据研究结果、过去文献和教育实际情形，制订解决问题的行动方案。

（七）实施行动方案。根据行动方案，分配教育实际工作者一定的任务，去执行行动方案。

（八）评价行动方案的设计和实施情况。在方案实施过程中，应不断搜集资料或证据，检讨方案的设计是否完美，评价执行是否正确、结果是否有效，并加以改进。

上述八个步骤大体包括研究目标、问题的诊断与界定、文献探讨、拟订具体计划、行动和评价总结等基本步骤，其中，目标、计划、行动、评价总结是四个最主要的步骤。这是在一个具体的目标之下实施的行动研究过程（图3-1）。若以目标、计划、行动、评价总结为基本步骤，经若干回合的反馈，则形成行动研究反馈循环体系（图3-2）。

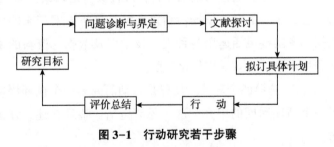

图3-1 行动研究若干步骤

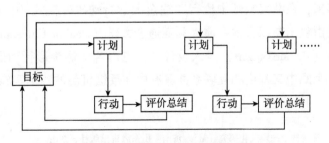

图3-2 行动研究的反馈循环体系

二、模式二：计划—行动—观察—反思

（一）"计划"是行动研究的第一个环节

计划应以所发现的大量事实和调查研究为前提。它始于解决问题的需要和设想，设想是行动研究者（行动者和研究者）对问题的认识，以及他们掌握的有助于解决问题的知识、理论、方法、技术和各种条件的综合；设想还包含了行动研究的计划．"计划"包括总体计划和每一个具体行动步骤的设计方案，特别重视计划中的第一、二步行动。

（二）"行动"即实施行动计划。行动计划的执行和实施具有灵活性。随着研究者对问题认识的逐渐明确，以及行动过程中各种信息及时的反馈，不断吸取参与者的评价和建议，对已制定的计划可在实施中修改和调整。行动是不断调整的。

（三）"考察"是第三个环节。考察内容有：

1. 行动背景因素以及影响行动的因素。

2. 行动过程，包括什么人以什么方式参与了计划实施，使用了什么材料，安排了什么活动，有无意外的变化、如何排除干扰．三是行动的结果，包括预期的与非预期的，积极和消极的。要注意搜集三方面的资料，背景资料是分析计划设想有效性的基础材料，过程资料是判断行动效果是不是、由方案带来和怎样带来的考察依据；结果资料是分析方案带来的什么样的效果的直接依据。考察要灵活运用各种观察技术以及数据、资料的采集和分析技术，充分利用录象、录音等现代化手段。

（四）"反思"是第四个环节。反思是行动研究第一个循环周期的结束又是过渡到另一个循环周期的中介。这一环节包括：整理描述，评价解释，写出研究报告。

近几年来，在欧美教师中流行"迪金大学行动研究模式"① （图3-3）。这个模式是由凯米斯以及他在澳大利亚迪金大学（Deakin University）的同事麦克泰格特（R. McTaggart）等人设计的。它由若干螺旋形行动研究循环圈构成，每一个圈中又都由相互联系并具有内在反馈机制的四个实施程序构成。

---

① 高文．现代教学的模式化研究［M］．济南：山东教育出版社，2001.

这四个实施程序分别是计划、行动、观察和反思。①

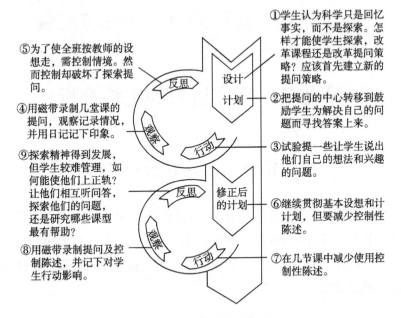

⑤为了使全班按教师的设想走，需控制情境。然而控制却破坏了探索提问。

④用磁带录制几堂课的提问，观察记录情况，并用日记记下印象。

⑨探索精神得到发展，但学生较难管理，如何能使他们上正轨？让他们相互听问答，探索他们的问题，还是研究哪些课型最有帮助？

⑧用磁带录制提问及控制陈述，并记下对学生行动影响。

反思　设计计划　①学生认为科学只是回忆事实，而不是探索。怎样才能使学生探索，改革课程还是改革提问策略？应该首先建立新的提问策略。

观察　行动　②把提问的中心转移到鼓励学生为解决自己的问题而寻找答案上来。

③试验提一些让学生说出他们自己的想法和兴趣的问题。

反思　修正后的计划　⑥继续贯彻基本设想和计划，但要减少控制性陈述。

观察　行动　⑦在几节课中减少使用控制性陈述。

图 3-3　迪金大学行动研究模式示意图

---

① 杨小微. 教育研究的原理与方法［M］. 上海：华东师范大学出版社，2002.

第九章　研究资料的定性分析

第一节　定性分析

定性分析是关于事物性质的分析。它是一种比较宽泛的概念，其理论基础主要是哲学，其研究传统是一种形而上、思辨的传统。主要包含比较、分类、分析、综合、归纳、演绎、抽象、概况等。在应用的过程中往往是相辅相成、互相渗透的。

一、比较法和分类法

一般来说，研究者对研究资料的定性分析是从比较与分类开始的。比较可以鉴别材料的真伪、区别主次与先后、找出异同。比较是分类的基础，而在比较基础上的分类则可以使材料条理化、系统化，使所研究的问题更加清楚具体。因此，比较与分类是分析研究资料时不可或缺的方法。

（一）比较法

比较法是根据一定的标准，对不同时期、不同地点、不同情况下发生的教育现象、教育理论进行考察、分析、鉴别，确定它们的异同点及其关系的一种逻辑思维方法。只有把一个事物与其他事物做比较，才能鉴别出这个事物与其他事物的差异点和共同点，才能认识这个事物的特殊属性和一般属性。

在教育科研中，比较法的类型很多，不同的划分标准可以分出不同的比较类型。按比较对象是否相同，可分为同类比较和异类比较；按比较对象的时空特点，可分为纵向比较和横向比较；按比较对象范围的大小，可分为专题比较和综合比较；按比较对象的运动属性，可分为静态比较和动态比较；按比较对象整体与局部的特点，可分为宏观比较和微观比较；此外，还可按其他标准将其分为现象比较和本质比较、定性比较和定量比较、间接比较和直接比较等。

运用比较法一般可以遵循以下几个步骤。

1. 确定比较的问题。比较研究首先要确定比较的主题、内容和范围。例如中美高中物理教材插图比较研究。

2. 制订比较标准。没有比较的标准就无法进行比较。

3. 收集资料并进行比较。这是比较分析中的重要一步。应坚持全面而本质的比较。在一项研究中，可供比较的内容可能会有很多，究竟比较什么，从哪方面进行比较，怎样比较，这些与研究目的相关，也与研究者的认识能力相关。

4. 结论。通过对材料的比较分析，最后得出结论。

（二）分类法

运用比较的方法鉴别出事物的异同点，进而将事物划分为不同种类的逻辑方法，就是所谓的分类，"类"是具有某些共同特征事物的集合。对研究材料进行分类，可以使材料条理化、系统化，从而为进一步分析材料提供便利的检索手段，为深入研究材料创造条件。

分类法的类型大致可分为现象分类和本质分类两种。其中，现象分类根据材料的外在联系或外在标志进行分类，如根据材料收集的先后顺序、收集的地点等对材料进行编码归类。现象分类是一种简单的粗放的分类，它一般用于研究初期。而本质分类指依材料所反映的现象的本质特征和内部联系进行分类。本质分类是一种比较复杂的精细的分类，要对研究资料进行本质分类，首先就应对材料进行反复比较和深入分析。因而，它更多运用于研究结论的推导与形成阶段。

通常，对研究资料的收集和整理是交织在一起进行的，很难将其划分开来。在进行一项研究时，研究者通常根据课题的研究目的、材料的性质特点等同时进行收集和整理分析研究资料的工作。

但不管采用何种分类标准，在分类过程中都应遵循如下三条规则。

1. 每次划分只能按照同一标准进行。事物的属性或关系是多方面的，因此，分类的标准也是多方面的。研究者可以根据课题的研究需要，确定资料的分类标准。但是，每一次只能按照同一标准进行分类。如果划分的标准不同，划分的结果就容易出现混乱不清的现象。

2. 划分应当相应相称。在对事物进行分类时，应保证各"子项"之和等于"母项"。否则，容易出现"漏分"或"多分"的现象。

3. 连续划分应按层次进行。在连续分类中，应按照一定的层次逐级划分。如，将"中学生"直接分为"男团员""女团员"，这就犯越级划分的逻辑错误。正确的划分应当是先根据是否团员，将"学生"分为"团员""非团员"；然后再按性别，将其中的"团员"这一项，分为"男团员""女团员"。越级划分容易导致层次不清，不能使人们对事物形成清楚的了解。

二、分析法与综合法

分析法与综合法是两种最基本的逻辑思维方法。两者在教育研究资料的分析中起着不同的作用，但又相互依存，相互关联，相互补充，相互配合。一般来讲，在资料分析的第一阶段，我们力求分析得深入和具体；而在第二阶段则力求以分析的全部结果为基础，综合出对研究整体的新认识。

（一）分析法

分析法就是把研究对象的整体依一定的标准，将其区分为相应的部分、方面、层次、因素，并加以逐一考察，从而认识研究对象本质的一种方法。如要研究幼儿的个性，就要对幼儿的个性进行分析。即把个性这一统一整体分解为不同的方面，如意志、兴趣、才能、气质、理智等，并逐一加以考察。分析的结果得以认识事物的个别部分的性质和特征。分析时要注意以下几点：

1. 必须紧扣研究目标，依据事物的本质特征对事物进行有机的分解；对分解出来的各局部的分析，应坚持在"综合"的指导和控制下进行，尽可能时刻保持分析与综合的"同步性"（分析不是先于综合而是伴随综合）。也就是说，要将分解出来的部分作为整体的部分，放在与其他要素的相互关系中进行考察，逐一认识它们各自在整体中的地位和作用以及相互关系，从而发现诸多矛盾中的主要矛盾和起主导作用的矛盾的主要方面，撇开次要的无关部分、因素、方面等，抓住事物的本质和要害。

2. 必须尽可能具体地将事物分解到构成它的最简单的要素单位，然后再加以考察。这里的最简单的因素，是相对于研究课题而确定的。整体性的事物只有分解到构成它的最基本的要素，才能使事物的复杂性暴露出来，使所研究的问题具体化和明朗化，这样才能清晰而深刻地认识研究对象。

（二）综合法

综合法是指在分析的基础上，将对事物的各个部分、各个方面和各个因素的认识进行有机地整合，从而在整体上把握事物的本质和规律的一种思维方法。这种整合不是一种简单的相加或拼凑，而是根据课题研究的需要，按照事物的有机联系而进行的一种高创造性的加工活动，从而形成有关事物的整体性的新认识。

在运用综合法对研究资料进行定性分析的过程中应注意如下的事项。

1. 综合必须与分析相结合。综合是在分析的基础上进行的一种逻辑思维活动，没有对事物"这一整体"的各个部分、层次、要素做充分、周密的分析，就不可能有高质量的综合，也就不能对事物的整体获得比较深刻的认识。同时经过综合而获得的"成果"，即关于事物整体的新认识，是否符合客观实际，是否真实反映了事物的内部联系和特性，还有待进一步的验证。而在验证过程中同样也离不开分析的方法。

2. 综合必须超越原有认识。虽然综合是以对整体中的局部认识为基础的，但它绝不是局部认识的简单拼凑与堆积，不是将整体中各局部间原有的联系加以简单的恢复，"复制"出整体来；而是一种旨在对事物形成新的观点、成果的高创造性的思维活动。综合就是创造，综合的目的是获得对事物的整体的新认识。

三、归纳法与演绎法

归纳法与演绎法是两种既相互对立，又相互联系的不可缺少的逻辑推理方法。它主要是用于概括隐含在各种材料内的一般原理和解释各种教育事实。例如：一个患头痛的樵夫上山打柴，一次不小心碰破了脚指头，出了一点血，但他感觉头不痛了。当时也没在意，后来他头痛复发，又偶然碰破了上次碰破的脚指头，头痛又好了，从此引起了他的注意。每次头痛他都去刺破该处，结果都有所减轻头痛症状。这个樵夫碰破的部位就是人体穴位中的"大敦穴"。

（一）归纳法

归纳：由一系列具体的事实概括出一般原理（跟"演绎"相对）。是从个别到一般的思维方式。最常用的归纳推理的形式有完全归纳法和不完全归纳法。

归纳法萌芽始于苏格拉底，他认为：伦理知识的获得首先要对某一道德行为提出"初始定义"然后引进一系列事例，当初始定义与这些事例相矛盾时，便推翻初始定义而提出新定义，如此下去，直到得到一个满意的、能够揭示某一道德行为本质的定义为止。

1. 完全归纳法

根据对某类事物的全部个别对象的考察，已知他们具有某种性质，由此得出结论：该类事物都具有某种性质，即概括出关于某类事物的一般性结论的一种逻辑推理方法。

公式：

S1 是（或不是）P；

S2 是（或不是）P；

S3 是（或不是）P；

……Sn 是（或不是）P。

（S1，S2，S3，……Sn 是 S 类的全部对象）

所以，所有的 S 都是（或不是）P。

举例：

黄种人不是长生不老的

白种人不是长生不老的

黑种人不是长生不老的

棕种人不是长生不老的

（黄、白、黑、棕种人是地球上的全部人种）

所以，地球上的所有人种都不是长生不老的。

完全归纳推理的要求：

（1）穷尽这类事物的全部对象；

（2）所有判断都是真实的；

（3）每一判断的主项与结论的主项之间必须都是种属关系。

局限：

（1）某类事物个体对象的确切数目不明，或数目太大。

（2）个体对象虽有限，但不宜考察或不必考察。例如：妈妈叫小明去买火柴，嘱咐小明说："你要挑一挑，千万别买受潮的。"火柴买回来后，小明高兴地说："妈妈！我买的火柴每根都能着，真是好极了。"妈妈问："你这么肯定?"小明递过火柴，非常有把握地说："我每根都试过了"。

2. 不完全归纳法

在客观现实中，要真正对反映某类事物的全部情况做完全的考察有很大的困难，因而其实际的使用范围十分有限，这可以说是它的局限性。在实际操作中，研究者更多的是只能对反映某类事物的部分事实材料进行考察，并概括出关于该类事物的一般性结论，这种方法称为不完全归纳法。不完全归纳法是根据一类中的部分对象具有某种属性，从而得出该类对象都具有某种属性的推理其中，不完全归纳法又可分为简单枚举法和科学归纳法。

（1）简单枚举归纳法

简单枚举归纳法是指在对一类事物的部分对象进行考察的基础上，发现它们都具有某一性质，且在没有遇到相反情形的情况下，做出关于该类事物的一般性结论的推理。

简单枚举归纳法公式：

$a1$ 具有性质 p

$a2$ 具有性质 p

$a3$ 具有性质 p

……．

所以：所有的 a 都具有性质 p

举例：

铁受热体积膨胀

铜受热体积膨胀

铅受热体积膨胀……

铁、铜、铅都是金属

所以：所有金属受热体积都膨胀

简单枚举法的局限是结论具有或然性。例如，华罗庚《数学归纳法》中的"袋子里都是球?"的推理。如果我们去摸一个袋子，第一次，我们从中摸出一个红玻璃球，第二次，第三次，第四次，第五次，我们还是摸出了红玻璃球，于是，我们会想，这个袋子里装的是红玻璃球，可是，当我们继续摸到第六次时，摸出了一个绿玻璃球，我们又会想，这个袋子里装的是一些玻璃球罢了。可是，当我们继续摸，我们又摸出了一个木球，我们又会想，这里面装的是一些球吧，可是，如果我们再继续摸下去……。因此，无法得出绝对把握的结论。应用时注意：被考察的数量要足够多；被考察的范围要足够广；被考察对象之间的差异要足够大，避免"以偏概全""轻率概括"。

（2）科学归纳法

科学归纳法是根据某类部分对象与某种属性之间具有因果联系，从而推出这类对象都具有这种属性的归纳推理。

人们在长期的实践和认识过程中，逐渐积累总结出一整套求因果关系的方法，主要有求同法、求异法、求同求异并用法、共变法和剩余法五种。

①求同法

场合		先行情况	被研究对象
正面场合	1	A, B, C	a
	2	A, D, E	a
	3	A, F, G	a
	…	…	…
负面场合	1	B, M, N	−
	2	K, H, O	−
	3	F, P, R	−
	…	…	…
所以		A 可能是	a 的原因

被研究对象在不同场合出现，而在各个场合中只有一个情况是共同的，那么这个唯一共同的情况就与该现象有因果联系。

求同法逻辑推理形式

场合	先行情况	被研究对象
1	A, B, C	a
2	A, D, E	a
3	A, F, G	a
…	…	…
所以	A 可能是	a 的原因

②求异法

求异法又叫差异法，如果在被研究现象出现和不出现两个场合中，只有一种情况不同，其他情况完全相同，而两个场合中唯一不同的情况，在被研究对象出现的场合中是存在的，在被研究现象不出现的场合中是不存在的，那么这个唯一不同的情况就与被研究现象之间有因果联系。在《张举问案》中，三国时期，有位县官叫张举。时有妻谋杀亲夫者，事后为逃避罪责，纵火烧屋，谎称丈夫死于火灾。夫家不信，上诉官府，妻子百般抵赖，矢口否认。张举命取两口猪，死者之妻伏法认罪。原来，县令张举令人给猪验尸，当然主要是看猪嘴。活猪嘴里，满嘴都是烟灰。而撬开死猪，发现其嘴巴里干干净净，没有一点烟灰。这时候，县令张举再令仵作去给死者验尸，结果撬开死者之嘴，里面也是干干净净，没有一点烟灰。这就证明死者的死因不是被火烧死，也就是说，昨夜火起时，他已经死了。

求异法的逻辑推理形式

场合	先行情况	被研究对象
1	A，B，C	a
2	B，C	a
所以	A 可能是	a 的原因

③求同求异并用法

求同求异并用法是指在研究某一研究现象的原因时，当该研究现象在几个正面场合出现时，在先行情况中只有一个共同情况；而在几个反面场合不出现时，在先行情况中都没有这个共同情况时，那么，就可以推断这个共同情况可能是被研究现象的原因。这种方法的特点是既求同又求异，其结论比较可靠。

④共变法

在其他条件不变的情况下，如果某一现象发生变化另一现象也随之发生相应变化，那么，前一现象就是后一现象的原因。这种方法是从变化的先行情况中"稳中求变"，其结论同样是只具有或然性。

共变法逻辑推理形式

场合	先行情况	被研究对象
1	A1，B，C	a1
2	A2，B，C	a2

场合	先行情况	被研究对象
3	A3，B，C，…	a3
…	…	…
所以	A 可能是	a 的原因

应用共变法应注意以下几点：

不能只凭简单观察，来确定共变的因果关系，有时两种现象共变，但实际并无因果联系，可能二者都是另一现象引起的结果。如闪电与雷鸣。（也许两者都是某一现象的结果）

共变法通过两种现象之间的共变，来确定两者之间的因果联系，是以其他条件保持不变为前提的。

两种现象的共变是有一定限度的，超过这一限度，两种现象就不再有共变关系。

⑤剩余法

剩余法：如果某一复合现象已确定是由某种复合原因引起的，把其中已确认有因果联系的部分减去，那么，剩余部分也必有因果联系。例如：钋的发现。有一次居里夫人和她的丈夫为了弄清一批沥青铀矿样品中是否含有值得提炼的铀，对其含铀量进行了测定。令他们惊讶的是，有几块样品的放射性甚至比纯铀的还要大。这就意味着，在这些沥青铀矿中一定含有别的放射性元素。同时，这些未知的放射性元素只能是非常少量的，因为用普通的化学分析法不能测出它们来。量小放射性又那样强，说明该元素的放射性要远远高于铀。1898 年 7 月，他们终于分离出放射性比铀强 400 倍的钋。该元素的发现，应用的是剩余法。

剩余法逻辑推理形式

被研究的复合现象 a、b、c、d 的复合原因是 A、B、C、D	
已知	B 是 b 的原因
已知	C 是 c 的原因
已知	D 是 d 的原因
结果	A 可能是 a 的原因

（二）演绎法

演绎法是从一般性或普遍性的知识出发，推演出个别结论的一种推理形式。演绎法不但可在材料分析时，用来解释有关的教育事实；也可以在研究设计阶段用于提出假设，或在表述研究成果时作为论证的依据。因而，它是教育研究中一种非常重要、常用的思想方法和逻辑方法。

在教育科研中，常用的演绎法有公理演绎法和假言演绎法。

1. 公理演绎法

也即著名的"三段论"，它一般是由三个判断组成，前两个判断称为"前提"，一个称为"大前提"，另一个称为"小前提"，最后一个判断叫结论。其常见的格式如下。

大前提：所有的 M 是 P，

小前提：S 是 M（或 S1 不是 M），

结论：所以，S 是 P（或 S1 不是 P）。

其中，S 或 S1 称为"小项"，"小项"只在"小前提"中出现，而不在"大前提"出现；P 称为"大项"，"大项"是只在"大前提"出现，而不在"小前提"出现；M 为"中项"，"中项"在大小前提中出现两次，而在结论中没有出现。"中项"在推理过程中起着媒介的作用，将两个概念联结起来，使它们在结论中发生关系，故又称为"媒介项"。

演绎推理是必然性推理，其结论是可靠的。但其先决的条件是：在推理时所依据的前提必须真实，推理过程要合乎规则。

所谓的推理规则最主要有三条：

（1）一个三段论中只能有三个不同的概念，也就是说，"中项"必须是同概念，否则就会出现逻辑错误。

（2）"中项"在前提中至少要有一次是周延的，所谓"周延"，通俗一点说就是"全说到"。如果"中项"在大小前提中都是不周延的，推理就会出现逻辑错误。

（3）在前提中不周延的概念，在结论中也不应周延，否则也会出现逻辑错误。

2. 假言推理法

假言演绎法是以假言判断作前提的演绎推理。假言判断是一种条件判断，即前一个判断存在是后一个判断存在的条件。条件有充分条件、必要条件和充分必要条件之分；同样，假言演绎也有充分条件假言演绎、必要条件假言演绎和充分必要条件假言演绎之别。

（1）充分条件假言演绎

例子：

如果要实现中华民族的伟大复兴，那么就必须重视中国传统优秀文化的继承和发扬；

我们要实现中华民族伟大复兴；

所以，我们一定要重视中国传统优秀文化的继承和发扬。

（2）必要条件假言演绎

例子：

只有心理也健康的人，才能去做飞行员；

他心理不健康；

所以，他不能去当飞行员。

（3）充分必要条件假言演绎

例子：

只要我们贯彻全面发展的教育方针，我们就一定能培养出德、智、体全面发展的人才；

现在我们已培养出德、智、体全面发展的人才；

所以，我们现在贯彻全面发展教育方针。

四、抽象与概括

（一）抽象

抽象就是透过现象，抽取本质，对事物做出科学的解释。科学抽象就是通过对各种具体的经验事实的比较、分析，将那些个别的、偶然的、表面的因素舍弃，抓住其共同的、必然的、本质的因素，并加以深入研究，从而揭示事物的本质和规律。

科学抽象过程有以下三个环节：分离—提纯—简略。分离，就是暂时不考虑我们所要研究的对象与其他各个对象之间各式各样的总体联系。把研究对象分离出来，它的实质就是从学科的研究领域出发，从探索某一规律性出发，撇开研究对象同客观现象的整体联系。提纯，就是在思想上排除那些干扰因素，从而使研究者能在纯粹的状态下对研究对象进行考察。简略，就是对纯态研究的结果进行简略的表述，即它必然要撇开那些非本质的因素，才能把握事物的基本性质和规律。

科学抽象应注意以下几点。

其一，首先应以实践为基础进行抽象，抽象得出的结论尚须再回到实践中检验正确与否。

其二，科学抽象的东西必须是具有普遍性的东西。

其三，高层抽象必须能演绎出低层抽象，这里的高层低层是相对的。例如，解释性的理论原理与描述性的经验规律，相对而言，前者是高层抽象，后者是低层抽象。

（二）概括

概况是思维过程的一种。人脑在比较和抽象的基础上，把抽象出来的事物的共同的本质特征综合起来，并推广到同类事物上去的过程。如儿童经常看到鸟，并把它和其他动物进行比较，逐渐分清鸟的本质特征（有羽毛、卵生、会飞等）和非本质特征（大小、颜色等）；在此基础上，就能把这些本质特征综合起来，并把具有这些本质特征的动物都称为鸟。根据概括水平的不同，分为初级概括和高级概括。前者指在感知觉或表象水平上的概括，表现为根据具体经验抽取事物的共同特征或联系，总结出某类事物的共同属性，是概括的初级形式，有益于个体逻辑思维的发展，但因受具体经验的局限而难以得到事物的本质属性，如幼儿把会飞的动物叫做鸟。后者指在把握事物的本质特征的基础上进行的概括，是概括的高级形式。所有科学概念和定理都是高级概括的产物。

概括和综合都必须在分析的基础上形成，而且在议论文写作中都可以帮助我们形成论点，形成文章的结论。但是从根本上看来，二者是有区别的。概括是通过分析、抽象，从某类个别对象具有某种特性，推广到某类的全体对象都具有这种特性，在概括过程中需要运用归纳法。概括的基础是事物之间个别和一般的关系。综合则是在分析、抽象的基础上，将所获得的对某一个事物的各个方面，各个部分的认识，联系在一起，形成对该事物的更加深刻、完整的认识。综合的基础是事物之中整体与局部的关系。

第二节 定量分析

一、描述统计

（一）统计图与统计表

1. 统计表

统计表是以表格的形式表达研究资料数量关系的一种重要方式。规范的统计表能高效地表达大量的信息，明显地反映事物的全貌及其蕴涵的特征，不仅便于阅读，而且也便于分析、比较、计算和记忆。

统计表一般由表号、标题、栏目、数字、表注等构成。编制统计表的基本要求如下。

（1）表的内容简明、重点突出；标题简洁，能确切表明统计表的内容；表号写在标题的左前方，二者均写在表的上方。

（2）表的层次清楚，按照逻辑顺序合理排列项目和指标。

（3）统计表格制作时所用的线条不要过多，以期表格的清晰；表的上下端有顶线和底线，通常用粗实线绘制；表的左右两边纵线可以省去。

（4）表内的数字要准确，一律用阿拉伯数字表示；单位统一，精确度一致，排列位数对齐；小数点后缺位的要补零，缺数字的项要画"—"

（5）表注要简短，用小号字写在表的下方。

根据实际需要，统计表有多种表现方式，常见的统计表种类有以下几种。

（1）单项表：统计表仅包括一种多项的比较或仅有一种分类的叫单项表；

（2）双项表：统计表中包括两种事项的比较或有两种分类叫双项表；

（3）复合表：统计表中包括两种以上事项的比较，叫复合表；

（4）次数分布表：次数分布是指把观测到的全部数据按大小顺序和一定的组距进行分组统计后，各组所含数据个数的分布。次数分布表是指次数分布的列表形式，是一种常用的统计表。

2. 统计图

统计图是以几何图形的形式来表达研究资料数量关系的一种方法。它能使事物的数量关系表达得形象、直观，便于理解和记忆。统计图一般由图号、标题、标目、图形、图注等构成。绘制统计图的基本要求如下。

（1）标题简洁，能正确反映图形所表现的主要内容；图号写在标题的左前方；二者均位于图的下方。

（2）尺度分点清楚，同一尺度只能表示相同性质的计数单位；用同一图形比较时应使用同一比例。

（3）横坐标上的数字应自左向右由小到大排列；纵坐标上的数字则由下而上从小到大排列。

（4）图例说明应与图内的图形一致；图注的文字要简明扼要，用小号字写在标题的下方。统计图有多种类型，例如：条形图、柱状图、饼形图、折线图、散点图、箱线图。在这里我们重点说一下箱线图。

3. 箱线图

（1）箱线图又叫箱式图、箱图。是一种用作显示一组数据分散情况资料的统计图。因形状如箱子而得名。主要用于反映原始数据分布的特征，还可以进行多组数据分布特征的比较，能直观显示出一组数据的最大值、最小值、中位数、及上下四分位数。最高和最低并非是最大值和最小值，因为有的去除了异常值的。圆圈代表是异常值，一般将超过四分位距1.5倍的值定义为异常值。中位数代表了样本数据的平均水平。箱子包含了50%的数据。因此，箱子的宽度在一定程度上反映了数据的波动程度。

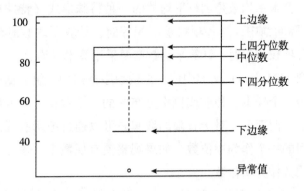

（2）箱线图用法：配合着定性变量画分组箱线图进行比较，做比较是箱线图的优势。如果只有一个定量变量，很少用一个箱线图去展示其分布，而是更多的选择直方图。例如：下图是比较男女教师的教学评估得分，用什么工具最好？答案是箱线图。箱线图是更有效的工具，能够从平均水平（中位数），波动程度（箱子宽度）以及异常值对男女教师的教学评估得分进行比较，而右边的直方图却做不到。

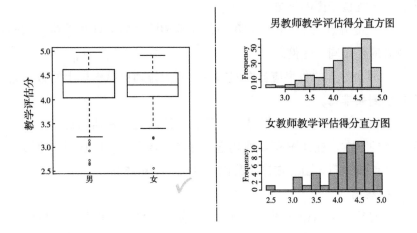

（二）集中量数

集中量数是用来描述数据分布集中趋势的统计量。常用的集中量数有好几种，如算术平均数、中位数、众数等，其计算方法及作用都各有特点。

1. 算术平均数（arithmetic mean），又称均值，是统计学中最基本、最常用的一种平均指标，分为简单算术平均数、加权算术平均数。它主要适用于数值型数据。算术平均数是加权平均数的一种特殊形式（特殊在各项的权重相等）。在实际问题中，当各项权重不相等时，计算平均数时就要采用加权平均数；当各项权相等时，计算平均数就要采用算术平均数。

2. 中位数（Median）又称中值，是按顺序排列的一组数据中居于中间位置的数，代表一个样本、种群或概率分布中的一个数值，其可将数值集合划分为相等的上下两部分。对于有限的数集，可以通过把所有观察值高低排序后找出正中间的一个作为中位数。如果观察值有偶数个，通常取最中间的两个数值的平均数作为中位数。

3. 众数（Mode）是指在统计分布上具有明显集中趋势点的数值，代表数据的一般水平。也是一组数据中出现次数最多的数值，有时众数在一组数中有好几个，用 M 表示。

4. 平均数、中位数和众数的用法：

在定类变量中，报告众数是恰当的，而不应报告中位数和平均数。在定序变量中，报告众数和中位数是恰当的，而不应报告平均数。在定距变量和定比变量中，报告众数、中位数以及平均数都是恰当的。而这三个测量结果的相对位置取决于数据分布的形状。具体来说：①当数据分布是对称的并且是单众数时，众数、中位数以及平均数是重合的（众数＝中位数＝平均数）；②当当数据分布为正偏态时，众数≤中位数≤平均数；③当数据分布是负偏态时，平均数<中位数<众数。需要重点注意的是，相较于平均数，中位数对数据分布中的极值的反应更稳定。我们可以用一个包含五个观测值的样本来

具体说明。在这个样本中，五个观测值分别为 2，2，6，10，80；平均数为 20；中位数为 6。如果我们将这个样本中的极值 80 替换为 15，如此一来，这个样本就会变为 2、2、6、10、15。这样平均数＝7，而中位数＝6。由此可见，当平均数发生变化时，中位数并没有变化。因此，当有极值或者分布是编态分布的时候，同时报告平均数和中位数是很有用的。

（三）差异量数

要全面、深刻地说明研究数据的特征，只有集中量数是不够的。例如，假设有甲、乙两个小组，都有 5 名幼儿，他们在某次测试中得分情况为：

甲组：68　69　70　71　72

乙组：50　60　70　80　90

甲乙两组数据的平均分数都是 70 分，若进一步考察，我们不难发现同样是平均成绩为 70 分，但其在两组数据的代表性程度并不相同，70 分在甲组较真实地反映甲组数据分布的全貌，而在乙组则代表比较差。究其原因是两组数据分布并不均匀。因而，还需要介绍反映数据分布的另一个量数：差异量数。

异量数差异量数是描述一组数据的变异性，即离中趋势特点的统计量。主要有：全距、离均差、平均差、百分位数、方差、标准差等。

1. 全距：全距是最大值–最小值。最易理解，计算简单，但只选用了极值，缺乏稳定性和代表性，不灵敏不可靠，效率较低。

2. 离均差：每个观测值与平均数的距离。

3. 平均差：是次数分布中所有原始数据与平均数绝对离差的平均值。平均差利用了每一个数据，较好代表了数据分布的离散程度，数据少时易受极值影响，由于有绝对值限制了进一步运算。

4. 百分位数：如果将一组数据从小到大排序，并计算相应的累计百分

位，则某一百分位所对应数据的值就称为这一百分位的百分位数。可表示为：一组 n 个观测值按数值大小排列。如，处于 p% 位置的值称第 p 百分位数。中位数是第 50 百分位数。第 25 百分位数又称第一个四分位数（First Quartile），用 Q1 表示；第 50 百分位数又称第二个四分位数（Second Quartile），用 Q2 表示；第 75 百分位数又称第三个四分位数（Third Quartile），用 Q3 表示。

5. 方差：每个数据与该数据平均数之差乘方后的均值。方差具有可加性和可分解性。

6. 标准差（Standard Deviation）：是离均差平方的算术平均数的算术平方根，即：方差的算术平方根，用 σ 表示。标准差也被称为标准偏差，或者实验标准差，在概率统计中最常使用作为统计分布程度上的测量依据。标准差能反映一个数据集的离散程度。平均数相同的两组数据，标准差未必相同。

第二节　推断统计

推断统计就是用概率数字来决定某两组（或若干组）数字之间存在某种关系的可能性，并由样本特征来推断总体特征的统计方法。推断统计包括两方面的内容：总体参数估计和假设检验。

一、假设检验

（一）假设检验的基本思想

假设检验的基本思想，概括起来说，就是一种带有概率值保证的反证法。即先建立一个"假设"是成立的，然后在此"假设"下，看看会产生什么样的后果。在正确的逻辑推理和数学分析计算下，如果导致一个不合理的现象出现，就表明原先的假设是错误的，应予以否定的；如果没有出现不合理的现象，则没有充分的理由否定原先的假设。那么，什么样的现象叫做不合理现象呢？在一次试验中基本上不会发生。如果一次试验中小概率事件竟然发生了，我们就认为这是不合理的现象，也称为"小概率事件原理"。下面我们举一个例子来加以说明。例如，某校体育老师向校领导汇报：该校学生体育达标率为 99%。假定该校学生为 1000 人，校领导从 1000 个学生中随机抽 5 名进行体育达标测试，结果发现有 1 名学生的体育成绩未达标。于是该校领导认定：体育老师向其汇报的成绩有误。该校领导做出这一结论的理由是：假如体育教师所汇报的达标率99%是成立的，那么，随机从这1000名学生中抽取5名学生进行体育达标测验，其"合理的结果"应该是全部合格。因为照此99%的达标率计算，合格的学生数是4.95人，不合格的学生数是0.05人，这时出现1名学生不合格显然是属于"不合理的现象"。这只能说明"达标率99%"的假设是不成立的。当然，也有可能该校领导恰好抽取到不合格的学生，而误判定体育老师的达标率是不实的，但出现这种错误的概率仅为1%，也即校领导所下的结论99%是成立的。

（二）假设检验的术语

零假设（null hypothesis）：是试验者想收集证据予以反对的假设，也称为原假设、虚无假设，通常记为H0。

备择假设（alternative hypothesis）：是试验者想收集证据予以支持的假设，对立假设、研究假设，通常记为H1或Ha。

（三）Ⅰ类错误和Ⅱ类错误

假设检验中可能存在两种错误。当我们拒绝了一个正确的虚无假设H_0时，发生的错误是I类错误。例如，法律遵循"疑罪从无"即H_0：被告无罪。如果确实无罪，却被判定有罪，则犯I类错误。可接受的犯I类错误的概率被称为显著性水平level of significance）或者α水平。通常使用α＝0.05和α＝0.01。例如，选择α＝0.05意味着，我们能"接受"犯I类错误的概率最高是5%。为了看起来直观，往往将显著性水平用"星号"表示，0.05—*；0.01—**；0.001—***，并标注在统计量右上角，未达到显著性水平的统计量不标注。1–α则称为置信度（confidence level），即：置信水平：置信区间包含总体参数的确信程度。显著性水平α不同于p值，p值（probability value）：是用来判定假设检验结果的一个参数，代表的是犯犯I类错误的实际概率。

当我们没能拒绝一个错误的虚无假设时，即实际有罪，却被判定无罪。我们就犯了Ⅱ类错误。犯Ⅱ类错误的概率被记作"β"。可接受的犯Ⅰ类错误的概率由研究者在检验假设之前选择，但是犯Ⅱ类错误的概率不由研究者决定。相反当其他所有条件相等时，犯Ⅱ类错误的概率β与选定的显著性水平α呈负相关。例如，当其他所有因素相同时，选择α＝0.01时犯Ⅱ类错误的概率会高于选择α＝0.05时所犯Ⅱ类错误的概率。

	决策	
	接受 H_0	拒绝 H_0
H_0 为真	正确	a 错误
H_0 为假	β 错误	正确

拒绝一个错误的虚无假设的概率被称为检验效能（power）。换言之，效能表示正确拒绝虚无假设的概率。在检验差异时，更高的效能意味着有更大的概率检测出存在的差异。在大多数情况下，研究者的目标是拒绝虚无假设，在检验 H_0 及与其对应的 H_1 时，决定和报告效能是非常重要的。效能和犯 II 类错误的概率 β 之间的关系如下：

效能 $=1-β$，如果 $β=0.95$，则效能为 0.05。换言之，如果犯 II 类错误的概率是 95%，那么犯 I 类错误的概率有 5%。

（四）双尾检验和单尾检验

1. 双尾检验（two-tailed test）又叫双侧检验：如果备择假设没有特定的方向性，并含有符号" $\neq$ 。假设检验写作 H_1：$U1\neq U2$，H_0：$U1=U2$。

H_0：中日青少年身高没有差异

H_1：中日青少年身高有差异

2. 单尾检验（one-tailed test）= 单侧检验：如果备择假设具有特定的方向性，并含有符号" $>$ "或" $<$ "，单尾检验分为左尾（lower tail）和右尾（upper tail）。假设检验写作 $H1$：$U1>U2$ 或 $U1<U2$；$H0$：$U1\leq U2$ 或 $U1\geq U2$。

H_0：中国青少年身高不比日本高，低于或等于日本

H_1：中国青少年身高比日本高

软件默认是双尾检验，如果要单位检验，只需要将软件计算出来的值再除以 2，再去跟显著性水平 α 比较。

（五）检验统计量

检验统计量是用于假设检验计算的统计量。在零假设情况下，这项统计量服从一个给定的概率分布，而这在另一种假设下则不然。从而若检验统计量的值落在上述分布的临界值之外，则可认为前述零假设未必正确。统计学中，用于检验假设量是否正确的量。常用的检验统计量 Z 值、T 值、χ^2 值、F 值等。

（六）参数估计的原理

我们把样本平均数、样本方差等样本的数字特征称为统计量；把总体平

均数、总体方差等总体的数字特征称为参数。参数估计就是根据样本的统计量去估计总体的参数，例如根据样本的平均数估计总体的平均数，根据样本的方差估计总体的方差，根据样本的相关系数估计总体的相关系数等。根据抽样分布原理，从总体中随机抽出容量为 n 的一切可能样本的平均数等于总体的平均数，同时容量为 n 的平均数在抽样分布上的标准差等于总体标准差除以 n 的方根，这就是我们进行总体平均数参数估计的基本原理。总体平均数的估计分为点估计和区间估计两种方法。

1. 点估计

点估计（point estimation）是指用某一样本的平均数的值来估计总体平均数的值。如某市 10000 多名考生参加期末考试，从这 10000 多名考生中随机抽取 100 名，并测得其数学平均成绩为 77 分，那么有管理者由此估计总体样本的期末数学成绩平均分可能也为 77 分，这就是点估计。作为良好的点估计的统计量必须具备一定的前提条件。首先是无偏性，即要求用样本的统计量作为估计值时，其偏差要为 0，这时的统计量也被称为无偏估计量。一般当样本容量足够大的时候，用样本平均数或者样本标准差作为总体相应参数的估计量都可以视为无偏估计量。其次是一致性，即总体参数的估计量随样本容量的无限增大，应当越来越接近它所估计的总体参数。最后是有效性，即通过分析多个无偏估计量的特性，选择变异性较小的作为估计值，就能保证参数估计的有效性。如平均数、中位数和众数三个无偏估计量中平均数最稳定，因此常用统计量的平均数作为总体参数的估计值。在实际解决问题的过程中，无论如何抽样误差总是存在，因此点估计的应用总是受到一定的限制，因此需要用区间估计的方法来弥补。

2. 区间估计

区间估计（interval estimation）是指以样本平均数的抽样分布为理论依据，按照一定的概率要求，由样本平均数的值来估计总体平均数所在的区间范围。上文所举例子中，同样是由样本平均分 77 来估计总体学生的平均考试成绩，如果另一个管理者根据抽样分布的原理，估计总体样本的期末数学平均分在 75~80 之间，那么他就运用了区间估计。区间估计要求按照一定的概率要求，根据样本统计量来估计总体参数可能落人的数值范围也就是说区间估计是用两个数之间的距离或在数轴上的一段距离来表示未知参数可能落入的范围。这种方法虽然不能给定一个确定的值，但它可以指出估计时的误差大小以及估计的可靠程度。

（七）平均数差异的显著性检验

1. 两独立样本 t 检验

两独立样本 t 检验的思想是在两个未知的总体中分别抽取一个样本，然后比较两个总体之间是否有差异。

案例：某研究者在某高校随机抽取了 590 名大学生，按照性别分为男生组和女生组，现想知道男生与女生的肺呼量（mL）有无差异。

SPSS 操作步骤：

第一步：分析—比较均值—独立样本 t 检验，弹出如下窗口。

第二步：独立样本 t 检验窗口设置。

在窗口中，将效应指标"肺呼量"放入检验变量框中，将"性别"放入分组变量框中，点击"定义组"按钮，设置 1 和 2。因为本例 1 代表男，2 代表女。点击"确定"得到结果。

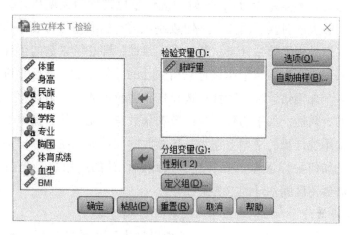

组统计

	性别	个案数	平均值	标准偏差	标准误差平均值
肺呼量	男	303	3887.16	648.651	37.264
	女	287	2522.57	493.839	29.150

第三步：结果解读

首先拿到两组数据的三个核心基本统计量（样本量、均数和标准差），产生主观意识。本例男生肺呼量均数 3887.16mL，女生肺呼量

2522.57mL，给我们感觉男生的肺呼量要高于女生，但因为都是抽样的样本，可能由抽样误差导致，因此需要后续假设检验证实。

其次，进行方差齐性（F和P）检验

方差也是反映离散趋势的指标，统计上采用 levene 方差齐性检验进行判定两个分布是否相同。

得到 levene 检验 F=22.559，P=0.000<0.05，有差异，因此两组 t 分布形态分布有差异，不在一个重量级别，应选择不假定等方差行进行比较。即，选择第二行为方差不齐进行校正的结果，t=28.843，P=0.000<0.05。二者有显著性差异。

2. 配对样本 t 检验

配对设计还包括四种类型 0。其中 A 为干预前后配对，如同组被试在接受新的教学法前后；B 为同一被试对象身体不同部位配对，如测量同一个人左手和右手的感觉阈限；C 为条件配对，如在同一窝小白鼠中，选取性别和体重相同的 2 只作为 1 个对子，继续寻找多个这样的对子，然后每个对子中的 2 个被试对象随机分配到 2 个处理组中去；D 为同一份标本不同检测方法配对，如同一份血液，分成 2 份，一份用显微镜法检测红细胞含量，一份用仪器法检测红细胞含量。凡是上述 4 种，你会发现检测的两组数据之间存在相关性而不独立，这与两独立样本设计有着本质的区别。也有人把 4 种分类分为同体配对：A、B、D；异体配对：C。

案例：某医生采用某降压药治疗 10 例高血压病人，服药前后分别测量受试者的舒张压为检测指标，问该降压药是否具有降压效果。

步骤：第一步：分析—比较均值—配对样本 t 检验，调用配对样本 t 检验窗口

第二步：将变量"治疗前"和"治疗后"先后放入右边的配对框，配成一对，然后点击"确定"即可输出计算结果。

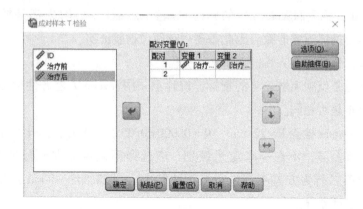

配对样本统计

		平均值	个案数	标准偏差	标准误差平均值
配对 1	治疗前	126.2000	10	7.08363	2.24004
	治疗后	110.2000	10	9.30711	2.94317

配对样本相关性

		个案数	相关性	显著性
配对 1	治疗前 & 治疗后	10	.963	.000

第三步：结果解读

首先，获取治疗前后的样本量、均数和标准差。本例发现治疗前舒张压为 126.2mmHg，治疗后为 110.20mmHg，主观感受为该药可能有降压效果，但有待假设检验进行验证。

其次，看相关。

大多数情况下，本步可以忽略，因此国内外很多发表的论文并没有交代本步的结果。但从统计的角度，本步相关的计算是为了验证配对数据的一致性（consistent），意思是治疗前较低的个体，治疗后的值也处于较低的地位；治疗前较高的个体，治疗后也处于较高的位置，用以说明干预措施作用的稳定性或一致性。可能存在四种情况：

（1）相关与 t 检验均 $P<0.05$，说明数据一致性好，差异有统计学意义，而且差异的产生就是干预因素作用的结果；

（2）相关不显著，t 检验显著，暗示均数存在差异，但个体间均数差异变化不一致，均数的差异可能还受其他因素的影响；

（3）相关显著，但 t 检验不显著，说明数据有一致性，但均数差异不显著，即干预措施未发挥作用；

（4）相关与 t 检验均不显著，这点不容易解释，但受试者数据在两组不具备一致性，组间均数差异没有意义。这种情况，没啥担心必要。

再次，找 t 值和 p 值。

本例配对 t 检验的 t=16.181，P-=0.000<0.05，因此有差异，认为治疗前后患者舒张压的差异具有统计学意义，故可以认为该降压药具有降压效果。

拓展：如果是两组数据，该如何分析？例如：A 组（n=30 人）吃 A 降压药，血压从治疗前 126.2 降低为 112.2，B 组（n=30 人）吃 B 降压药，血压从治疗前 133.2 降低为 124.3。

分析：如果想知道 A 组或 B 组治疗前后是否有效，那么属于配对设计，应该采用配对 t 检验；如果想知道 A 组和 B 组疗效是否有差别，可以先计算两组治疗前后的差值，然后采用两独立样本 t 检验进行两组疗效比较；还可以采用协方差分析，将治疗前当作协变量进行方差分析。

不管单样本 t 检验、配对样本 t 检验还是两独立样本 t 检验，都是用于检验两个总体间计量资料的比较方法。单样本 t 检验要求符合正态分布，两独立样本 t 检验要求独立、正态和方差齐，配对 t 检验要求差值符合正态分布。上述三条对正态分布的要求不是非常严格，近似正态分布依然可以分析，也可以采用非参数检验的方法进行分析。

（八）方差分析

方差分析 ANOVA：analysis of variance，又称 F 检验，t 检验所处理的都是两个总体之间的计量变量的比较。三个及以上的自变量，就不能用 t 检验，要用方差分析，因为，一是这样才能减少 I 类错误的发生率。例如，假设显著性水平 0.05，三次比较后 I 类错误的概率升为 15%，似乎是 0.05+0.05+0.05=1.5，实际上，15%并非这样计算出来的，这种理解也是不对的。实际上，三组两两比较，是个组合问题，C（3，2）=3，三步才能完成两两比较，根据乘法原理，第一步置信度 0.95，第三步变成 $0.95^3=0.8573$ 从而得出犯错概率 1-0.8573=0.1437≈0.15。二是忽视了多个平均数的整体效果检验（overall effect），即：原假设是三个样本来自相同的总体，一个类别变量的三种不同水平的平均数，三个不同水平的整体效果称为主效应（main effect）。如果两两比较，则没有主效应是否显著。只有主效应显著的情况下，再两两比较，即事后比较。

1. 单因素方差分析

单因素设计方差分析是研究一个因素不同水平（K≥3）间的计量变量比较。

案例：

欲研究传统教学、PBL 教学和翻转课堂的教学效果是否有差异，选择了某班级 95 名同学，按照学号随机分成 3 组，分别接受三种教学方法进行统计学课程教学，期末采用同样的试卷进行了考试，获得学生成绩数据，请采用合适的方法进行统计分析，并进行解释。

分析：受试对象（95 名学生）随机分组，分别接受三种教学方法，试验设计为成组设计 K 组。研究因素为教学方法，有三个水平，传统教学、PBL 和翻转课堂。综上所述，优先考虑单因素设计方差分析。方差分析的条件为：样本独立、正态分布和方差齐。本组组间为随机分组接受不同的处理，故是独立的；正态性要求不高，常不关注；方差齐是必须的，因此需要进行齐性的验证。

SPSS 操作步骤

第一步：分析—比较平均值—单因素 ANOVA 检验，弹出对话窗口，将"期末考试成绩"放入"因变量列表"框；将"教学方法"放入"因子"框；

第二步：点击参数按钮"选项"，弹出对话框，其中务必勾选"描述"和"方差齐性检验"，因为描述是为了拿到三个核心基本统计量，方差齐性检验为方差分析必备检验，点击"继续"；

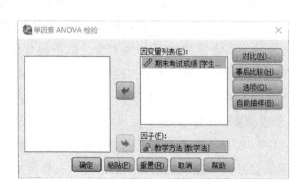

第三步：再点击参数设置按钮"事后比较"，弹出对话框。这步的目的是如果方差分析发现三组间是有差异的，到底是哪两组有差异，还是兰组间全部都有差异，需要进行分析。勾选"LSD"和"SNK"法进行讲解演示，点击"继续"再次回到主对话框，点击"确定"运行。

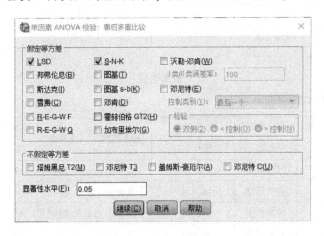

描述

期末考试成绩

	个案数	平均值	标准偏差	标准错误	平均值的95%置信区间		最小值	最大值
					下限	上限		
传统教学	30	62.88	8.100	1.479	59.86	65.91	45	78
PBL教学	30	65.53	9.354	1.708	62.04	69.03	46	83
翻转课堂	35	71.61	9.744	1.647	68.27	74.96	50	92
总计	95	66.94	9.777	1.003	64.95	68.93	45	92

方差齐性检验

		莱文统计	自由度1	自由度2	显著性
期末考试成绩	基于平均值	.369	2	92	.692
	基于中位数	.401	2	92	.671
	基于中位数并具有调整后自由度	.401	2	90.438	.671
	基于剪除后平均值	.383	2	92	.683

ANOVA

期末考试成绩

	平方和	自由度	均方	F	显著性
组间	1317.770	2	658.885	7.905	.001
组内	7668.351	92	83.352		
总计	8986.121	94			

多重比较

因变量：期末考试成绩

	(I) 教学方法	(J) 教学方法	平均值差值 (I-J)	标准错误	显著性	95%置信区间	
						下限	上限
LSD	传统教学	PBL 教学	-2.650	2.357	.264	-7.33	2.03
		翻转课堂	-8.731*	2.272	.000	-13.24	-4.22
	PBL 教学	传统教学	2.650	2.357	.264	-2.03	7.33
		翻转课堂	-6.081*	2.272	.009	-10.59	-1.57
	翻转课堂	传统教学	8.731*	2.272	.000	4.22	13.24
		PBL 教学	6.081*	2.272	.009	1.57	10.59

*. 平均值差值的显著性水平为 0.05。

第四步：结果解读：

首先，三种教学方法的 3 个核心基本统计量均值、标准差、p 值，传统教学均分为 62.88 分，PBL 教学为 65.53 分，翻转课堂为 71.61 分。看似有一定的差异，但有可能是误差导致，因此需要检验；

其次，检验三组方差是否相同，显著性（P）= 0.692>0.05，三组方差相同，可以进行后续方差分析；

再次，方差分析结果：F = 7.905，P = 0.001，三组间的考试成绩有差异。然而只知道有差异，谁和谁有差异不清楚，需要进一步两两比较；

最后，LSD 法两两比较，看标注框中"显著性"一栏，凡是显著性 p<0.05，表示两者之间有差异。结果发现翻转课堂与传统教学差异有统计学意义，翻转课堂与 PBL 差异有统计学意义；PBL 与传统教学差异无意义。

2. 多因素方差分析

多因素方差分析用来研究两个及两个以上控制变量是否对观测变量产生

显著影响。多因素方差分析不仅能够分析多个自变量对因变量的独立影响，更能够分析多个自变量的交互作用能否对因变量产生显著影响，最终找到利于自变量的最优组合。

析因设计是多因素多水平全面组合的一种设计方法，两个或多个因素如果存在交互作用，表示各因素不是各自独立的，而是一个因素的水平有改变时，另一个或几个因素的效应也相应有所改变；反之，如不存在交互作用，表示各因素具有独立性，一个因素的水平发生改变时不影响其他因素的效应。析因设计中2x2析因设计是指有两个研究因素，分别是2水平，所以一共构成4个单元，即4组；2×3×4表示三个研究因素，分别为2、3和4个水平，所以一共构成24单元（组），但分组越多则实验实施难度越大，实验动物消耗也越多，因此析因设计往往用于研究因素或者水平数不多的情况，当研究因素较多时，我们可以采用正交设计或者均匀设计，下面以2×2析因设计为例进行讲解。

2×2 析因设计模式图

		B	
		b1	b2
A	a1	a1b1	a1b2
	a2	a2b1	a2b2

2×3 析因设计模式图

		B		
		b1	b2	b3
A	a1	a1b1	a1b2	a1b3
	a2	a2b1	a2b2	a2b3

正式学习之前，先了解下析因设计的几个概念：单独效应（simple effects）、主效应（main effects）与交互效应（interaction）。单独效应是指其他因素水平固定时，同一因素不同水平之间的差异。如单因素设计方差分析不同组之间的试验效应的差异；主效应是指某因素各单独效应的平均效应，即某一因素各水平之间的平均差别；交互效应是指如果某因素的单独效应随着另一因素的水平变化而变化，则称这两个因素存在交互作用。

案例：研究两种营养液 A、B 对促进人体红细胞增加数的影响，采用 2×2 析因设计，选取了 20 个被试进行了实验，获得实验数据，问 A、B 两种营养液对红细胞增加有无作用？A、B 因素之间有无交互作用？

SPSS 操作步骤：

第一步：菜单分析——一般线性模型—单变量，弹出单变量主对话窗口，将"红细胞增加数"放入因变量，A 药和 B 药放入固定因子；

第二步：点击"模型"，选择默认的"全因子"，点击"继续"返回；

第三步：点击"选项"，选择"描述统计"和"方差齐性"，点击"继续"返回，点击"确定"运行。

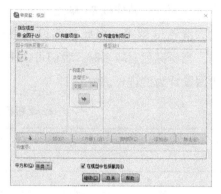

描述统计

因变量：红细胞增加数

A 药物	B 药物	平均值	标准偏差	个案数
	0	.700	.1581	5
0	1	.980	.1304	5
	总计	.840	.2011	10
	0	1.220	.0837	5
1	1	2.100	.1581	5
	总计	1.660	.4789	10
	0	.960	.2989	10
总计	1	1.540	.6059	10
	总计	1.250	.5520	20

误差方差的莱文等同性检验[a,b]

		莱文统计	自由度 1	自由度 2	显著性
	基于平均值	.722	3	16	.554
红细胞增加数	基于中位数	.727	3	16	.551
	基于中位数并具有调整后自由度	.727	3	14.667	.552
	基于剪除后平均值	.705	3	16	.563

检验"各个组中的因变量误差方差相等"这一原假设。

a. 因变量：红细胞增加数

b. 设计：截距+A+B+A * B

主体间效应检验

因变量：红细胞增加数

源	III类平方和	自由度	均方	F	显著性
修正模型	5.494[a]	3	1.831	98.991	.000
截距	31.250	1	31.250	1689.189	.000
A	3.362	1	3.362	181.730	.000
B	1.682	1	1.682	90.919	.000
A * B	.450	1	.450	24.324	.000
误差	.296	16	.019		
总计	37.040	20			

源	III类平方和	自由度	均方	F	显著性
修正后总计	5.790	19			

a. R方=.949（调整后R方=.939）

第四步：结果分析

首先，各单元3个核心基本统计量。各单元方差齐性检验，levene齐性检验 $F=0.722$，$P=0.554>0.05$，各组方差齐，可以进行后续方差分析；

其次：主体间效应比较：得到 $F_A=181.730$，$p=0.000$，$F_B=90.919$，$P=0.000$；$F_{A*B}=24.324$，$p=0.000$。P均小于0.05，说明A药和B药均有效，同时 A*B 药之间存在交互作用。

3. 重复测量设计方差分析

重复测量数据方差分析的分析条件如下：

（1）正态性：处理因素的各处理水平的样本个体之间是相互独立的随机样本其总体均数服从正态分布；

（2）方差齐性：相互比较的各处理水平的总体方差相等，即具有方差齐同；③各时间点组成的协方差阵（covariance matrix）具有球形性特征，若球形性质得不到满足，则方差分析的F值是有偏差的，这会增加了I类错误。

案例：欲研究时间对某种材料记忆的影响，采了8个幼儿进行实验，分别于O分钟、45分钟、90分钟和135分钟对记忆结果进行检测，得到数据，问时间是否对记忆有影响？

SPSS操作步骤：

第一步：1. 调用重复测量窗口

打开数据集，分析——一般线性模型—重复测量，弹出重复测量因子定义窗口。注意此处SPSS有个bug，本例因为4次重复测量，因此，在级别数里输入4，然后点击"添加"，提示错误！因为默认的"因子1"中间有个空格，消除空格即可。但是，初学者，为了更好理解时间的意义，请大家把主体内因子名改为"时间"，输入4个级别，然后点击"添加"；

第二步：重复测量窗口设置

然后点击"定义"按钮，弹出对话框，将4个测量时间点务必按照测量时间的先后，放入主体内变量框中；

第三步：点击"图"按钮，弹出轮廓图设置，添加"时间"到水平轴的

框，点击"继续"；

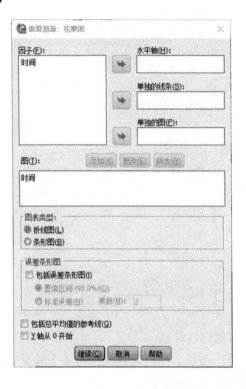

第四步：点击"选项"卡，同时显示出勾选"描述统计"和"齐性检验"。点击"继续"，回到重复测量功能窗口，点击"确定"运行。

第五步：结果解读

①多变量检验（见下图）：多变量检验是一种多元分析方法，因为本例4次检测，类似于结果效应指标同时有4个的情况，符合多变量检验的条件，因此，SPSS默认进行了多变量检测，其结果基本与后面的单变量检验一致。本例用到四种多变量分析方法，P均小于0.05，因此认为不同时间的记忆是有差别的。

多变量检验[a]

效应	值		F	假设自由度	误差自由度	显著性	
时间	比莱轨迹	.954	34.474[b]	3.000	5.000		.001
	威尔克 Lambda	.046	34.474[b]	3.000	5.000		.001
	霍特林轨迹	20.684	34.474[b]	3.000	5.000		.001
	罗伊最大根	20.684	34.474[b]	3.000	5.000		.001

a. 设计：截距

　主体内设计：时间

b. 精确统计

②球形度检验（见下图）：重复测量方差分析应该满足球形度，不满足则需要进行校正。本例球形度检验显著性 P = 0.008，则不符合球形度，则后续分析应该采用校正系数。下文提到了3种校正方法（Greenhouse-Geisser 法、Huynh-Feldt 法和 Lower-bound 法），相对来说第一种更常用，但一般三种结论相差不大。

莫奇来球形度检验[a]

测量：MEASURE_1

主体内效应	莫奇来 W	近似卡方	自由度	显著性	Epsilon[b]		
					格林豪斯-盖斯勒	辛-费德特	下限
时间	.063	15.844	5	.008	.528	.657	.333

检验"正交化转换后因变量的误差协方差矩阵与恒等矩阵成比例"这一原假设。

a. 设计：截距

　主体内设计：时间

b. 可用于调整平均显著性检验的自由度。修正检验将显示在"主体内效应检验"表中。

③主体内效应单变量检验（如下图），因为不符合球形度，所以单变量检验的第一个"假设球形度"不可以采用，我们看第二个，格林豪斯-盖斯勒（Greenhouse-Geisser），发现 P = 0.000，结论与前面多变量结果一致，均

认为不同时间记忆有差别。

主体内对比检验

测量：MEASURE_1

源	时间	Ⅲ类平方和	自由度	均方	F	显著性
时间	线性	2.759	1	2.759	117.122	.000
	二次	.197	1	.197	109.840	.000
	三次	.004	1	.004	.357	.569
误差（时间）	线性	.165	7	.024		
	二次	.013	7	.002		
	三次	.084	7	.012		

主体间效应检验

测量：MEASURE_1

转换后变量：平均

源	Ⅲ类平方和	自由度	均方	F	显著性
截距	914.530	1	914.530	2528.623	.000
误差	2.532	7	.362		

（九）相关分析

1. 两个计量资料之间的相关

（1）Pearson 皮尔逊相关

①皮尔逊相关含义。

皮尔逊相关，又叫积差相关、积矩相关。是英国统计学家皮尔逊于 20 世纪初提出的一种计算相关的方法。是揭示两个变量线性相关方向和程度最常用和最基本的方法。使用要求是双变量必须都符合正态分布。

②Pearson 相关系数的意义

相关系数范围 [-1，1]，绝对值越大，相关性越强，相关系数越接近 0，相关度越弱。通常情况下通过以下取值范围判断变量的相关强度：相关系数 0.8~1.0 高度相关；0.6~0.8 强相关；0.4~0.6 中等程度相关；0.2~0.4 弱相关；0.0~0.2 极弱相关或无相关。

案例：测量得到 20 名儿童的身高与体重，求相关程度。

SPSS 操作步骤：

第一步：检验两列数据的正态分布性。点击"分析—描述—探索"，在探索对话框将"身高""体重"输入"因变量"列表；点击"图"选项卡，在图对话框中选中"直方图""含检验的正态图"，点击继续，返回主对话框，点击确定。得到正态性检验图，柯尔莫戈洛夫-斯米诺夫和夏皮洛-威尔克检验其显著性都大于 0.05，所以符合正态分布。

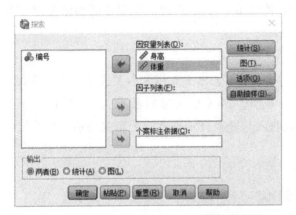 

正态性检验

	柯尔莫戈洛夫-斯米诺夫[a]			夏皮洛-威尔克		
	统计	自由度	显著性	统计	自由度	显著性
身高	.141	20	.200[*]	.932	20	.170
体重	.176	20	.107	.920	20	.101

[*]. 这是真显著性的下限。

a. 里利氏显著性修正

第二步：点击"分析—相关—双变量"，弹出"双变量相关性"对话框，将"身高""体重"放入"变量"框，选择"皮尔逊"相关系数，点击确定；

相关性

		身高	体重
身高	皮尔逊相关性	1	.868[**]
	Sig.（双尾）		.000
	个案数	20	20

续表

		身高	体重
体重	皮尔逊相关性	.868**	1
	Sig.（双尾）	.000	
	个案数	20	20

**. 在 0.01 级别（双尾），相关性显著。

第三步：结果解读：r=0.868，p=0.00<0.05，说明身高和体重存在高度相关。

（2）皮尔逊偏相关分析

当我们处理 X 和 Y 之间的相大性时，由于 Z 与 X 和 Y 关系密切，故我们要研究 X 和 Y 之间的相关关系时，这种相关分析就称为"偏相关"。例如，控制工龄的影响估计工资收入与受教育水平之间的相关关系（排除第三者）。

案例：

在上述皮尔逊相关分析案例基础上，增加一个变量——肺呼量（Z），求控制肺呼量后身高和体重之间的偏相关系数。

SPSS 操作步骤：第一步：点击"分析—相关—偏相关"，将身高和体重放入变量框，肺活量放入控制变量框,，点击"继续"，返回主对话框，点击"确定"；

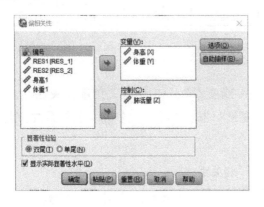

相关性

控制变量			身高	体重
肺活量	身高	相关性	1.000	.794
		显著性（双尾）	.	.000
		自由度	0	17
	体重	相关性	.794	1.000
		显著性（双尾）	.000	.
		自由度	17	0

第二步：结果解读：在控制肺活量的前提下，身高和体重的相关系数变为 r＝0.794，p＝0.00，从高度相关下降为强相关。

2. 两个等级资料之间相关

Spearman 斯皮尔曼相关：双变量不符合正态分布或者一个不符合正态分布。对于服从 Pearson 相关系数的数据也可以计算 Spearman 相关系数，但统计效能比 Pearson 相关系数要低一些，即不容易检测出两者事实上存在的相关关系。

案例：调查 20 人的工资（高、中、低三个水平）和学历水平（高、中、低三个水平），求相关关系。

SPSS 操作步骤：第一步：点击"分析—相关—双变量相关"，将"工资""学历"放入变量框，点击"继续"，选择"斯皮尔曼"相关系数，点击"确定"；

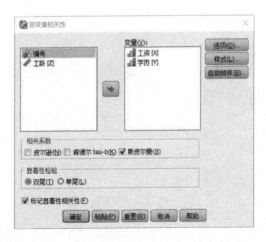

相关性

			工资	学历
斯皮尔曼 Rho	工资	相关系数	1.000	.711**
		Sig. （双尾)	.	.000
		N	20	20
	学历	相关系数	.711**	1.000
		Sig. （双尾)	.000	.
		N	20	20

**. 在 0.01 级别（双尾)，相关性显著。

第二步：结果解读：学历和工资水平的相关系数为 r = 0.711，p = 0.00，为真实存在的强相关。

第十章 论文的结构与格式

第一节 学术论文与学位论文的含义、区别

一、学术论文与学位论文的含义

期刊学术论文和学位论文的区别在于期刊论文属于学术论文，是用来在杂志或学术会议上表达学术观点的，学术论文是科学研究成果的文字表述。学术论文总的特点是学术性。具体表现为创新性（在自己所研究范围内，理论上要有所发展，方法上要有所突破），科学性（论据确凿，论证清楚，言之有理）和实践性（在各种社会实践中的现实意义和可行性）。而学位论文是一篇以申请学位为目的而公开发表报告，是一种评价和测量学生能力的方式。现代学位制度萌芽于欧洲中世纪，"中世纪大学学位的最初含义是学者入教师行会的资格证明。"【杨少琳．中世纪大学学位制度形成的历史渊源[J]．黑龙江高教研究，2010（12）：6-9.】如果说中世纪的学位还是一种从业资格，伴随着高等教育的演进，以19世纪德国柏林大学的创办为标志，学位则越来越强调获得者的科研能力，"博士学位逐渐演变为一种单纯学术意义上的水平证明"【④陈学飞，等．西方怎样培养博士——法、英、德、美的模式与经验[M]．北京：教育科学出版社，2002：139.】。

二、学术论文与学位论文的区别

（一）目的不同

在杂志上发表论文的主要目的是进行学术交流，介绍某一问题的研究和成果。而学位论文是衡量研究生培养是否符合要求的重要依据，在一定程度

上决定了研究生能否通过毕业答辩和授予学位。学位论文怎样去反映研究生培养达标呢？关键是要提供完整的证据，证明申请学位的研究生经过了系统、完整的科研培训，具有独立从事科研的能力。这是研究生通过论文答辩的形式获取学位的先决条件！此外，论文综述也是非常重要的。论文综述与研究工作对应形成一个整体，以此表明研究工作具有深厚的文献基础，而其研究生在文献方面已经站在学科前沿，可以说研究生论文的选题、立论、假设提出和研究计划的设计是"站在巨人的肩膀上"形成的。同时对研究生的文献检索、信息提取和归纳总结能力进行了研究，表明研究生已经具备了广泛、扎实的专业知识，已经具备了学科领域系统深入研究所需的知识和能力。因此，论文的撰写和修改应围绕查重系统完整地反映科学研究和培训的全过程的要求进行组织和实施，这与在杂志上发表论文不完全相同。

（二）内容不同

在杂志上发表的论文的内容通常研究一个问题，清晰明了。学位论文内容比较丰富，除了研究以外还包括与研究内容相关的论文综述。综述与研究是学位论文的核心内容，学位论文还包括研究生简历、发表论文清单等具体内容。论文写作需要根据研究生院提供的论文模板来写，保留各部分内容，以满足论文完整性和还原系统完整科研培训的需要。

（三）篇幅不同

该杂志发表的论文内容集中，篇幅较短，字数限制明确。学位论文篇幅长，对字数没有严格的要求。应根据科研和培训全过程的要求，确定各部分的细节，不得限制长度。

（四）参考文献

在不同的期刊上发表的参考文献数量是有限的，不能过多。像这样的论文基本是引用最近几年的参考文献，在研究进展、最近的热点和新的学术观点都有体现。学位论文需要大量的参考文献，除了最近的文献，多年前发表的重要文献也是需要引用的，可以体现研究生对文献资料复习和掌握了相关信息的完整性。论文中引用文献的数量没有限制，只要需要相关文献，就可以引用。

（五）详细程度

不同杂志出版的论文中的字数有限，每个部分的详细程度通常有限，这是写作的难点，需要全面的平衡。学位论文要求更够重现科研训练的整个过程。根据这一原则，它应该尽可能详细和完整，即使它是相关的，但不是最重要的部分，如果必要的话应该写得很清楚。

第二节　论文的结构内容

学位论文和学术论文在主体结构上基本相同，主要包含题目、摘要、关键词、引言、文献综述、正文、结论、注释、参考文献几大部分。作为学位论文还包括附录、致谢等部分。

一、题目

题目，也称标题。论文标题即题目是论文的窗口，是文章内容的高度概括。什么样的题目是一个好题目

（1）准确达意，包含重要研究变量

题目应力求准确达意、简洁规范。一般包含研究对象、研究内容、研究方法等。

达意，即能准确地表述论文核心论点，或中心内容或课题含义，不能过大、过泛、过虚，要做到题文贴切，题要贴文，文要贴题。

（2）要简明。一般题目的字数不宜超过 20 个，最多不超过 25 个汉字，国际交流的论文（外文）题目一般不宜超过 10 个实词。

（3）别人已用过的题目，一般不宜采用。

（4）论文的题目一般用肯定式。

（5）有的文章为了引申主题，或者某一事实则必须在标题中加以说明，还可以在题目的后面再增添一个副标题，副标题是对正标题的补充。

二、作者名和单位名称

题目下面一行为作者名和单位名称。文题下一般列出作者姓名及所属机构。中国人名的拼写应遵循《中国人名汉语拼音字母拼写规则》（CB/T 28039 -2011），在外文期刊及中文期刊的英文相关部分，书写规则如下：一般来说，汉语人名的姓和名分开写，姓在前，名在后，二者以空格分开，姓

和名的第一个字母应大写，如 Chen Dawen（陈大文）。对于复姓的人名，复姓应连写，如 Ouyang Cheng（欧阳诚）。尤其是当用外文发表时，所用英文姓名的拼音及写法，在所有文章中应保持一致，否则出自同一作者的不同文章，可能在索引中被误归属为不同作者。同时，应删去所有称谓（例如，Dr.、professor 等）。有研究基金资助的注明研究基金名称、项目名称和项目号。

三、摘要

摘要是文章的缩写。摘要的作用是通过介绍论文的内容梗概，令读者尽快了解论文的主要内容，吸引读者进一步阅读全文或论文的某个部分。摘要要具有独立性和自明性，即：不需要原文存在就能读明白，拥有与文献同等量的主要信息。一忌将意义或前言当成摘要，二忌说一些空泛、概况的话。同时，摘要也便于论文被收录至数据库后的索引和检索。摘要一般包括研究对象、研究背景、研究目的、研究问题、研究方法、研究结果、研究结论几大部分。摘要中一律不要各种人称，本文、文章、作者、等各种人称全部不要。反例：本文指出了劳动教育存在的四个误区，提出来改进工作的五点建议。建议对提高劳动教育水平具有重要意义。正例：目前劳动教育存在的四个误区：1，2，3，4，分别简要阐述误区的要点，提出来改进工作的五点建议：1，2，3，4，5 分别简要阐述建议的要点。摘要也不能增加正文中没有的主要观点，也不宜做自我评价，数字需要用阿拉伯数字。

四、关键词

关键词的常犯错误是关键词"不关键"。例如，方法、实证、作用机制，等等这些词外延太大，不宜做关键词。关键词一般来自题目，又不局限于题目，以 3-5 个为宜。重要的排在最前面，一般为名词。正例：基于核心素养的高中化学实验深度复习策略研究。最重要的关键词依次：深度复习、高中化学实验、核心素养。

五、引言

在《出版手册》中，引言（introduction）是指放在研究方法前，包括文献综述的内容。以往在学术期刊论文中引言也包含了简单的文献综述，现在学术期刊开始强调文献综述在论文中的作用，因此，学术期刊论文开始与学位论文一样，都将引言及文献综述分为两部分，前者主要概括介绍整个研究，后者对相关文献做综述。

"引言"，有时也叫"问题提出"，是论文正文的"开场白"。当读者未阅读全文时，首先读到的是这一部分。引言部分旨在用两三段的内容，来简单概括地介绍本研究的来龙去脉，即研究的背景，为什么要进行本研究，要说明什么问题，以及研究价值和意义等。在引言中，除了介绍本研究的价值外，亦可用简短的篇幅指出本研究与前人研究的关系、本研究的理论依据、有何假设，以及可能对理论及实践带来的启示。这些内容在其后的文献综述中，将再详细展开阐述。

六、文献综述

（一）文献综述的目的

通过文献综述的写作，一是使得我们知道：别人贡献了什么？我打算贡献什么？我能够贡献什么？我是否在重复劳动？从这个意义上讲，撰写文献综述首先是为了尊重并真正进入一个学术传统；二是为他人提供文献检索的路线图；三是为自己的研究假设提供理论和经验基础。

（二）文献综述注意问题

文献综述尽量间接引用，而不是直接引用。间接引用就是作者用自己的语言表述引文的核心观点，这样做至少有两个好处：一来重新表述需要我们先将对方的观点吃透，然后围绕自己的核心问题和行文思路，重新加以组织，这种以自我为本位的诠释可以使论述更加紧凑有力。在这个过程中，要尽可能找出不同文本之间的内在关联，他们的分歧是什么，共识是什么，将众多的观点进行整合、归类，避免罗列堆砌、杂乱无章；二来间接引用突破了原文的限制，用尽可能简洁的语言进行概括，可以有效节省篇幅。【熊易寒，文献综述与学术谱系，《读书》2007年第4期，82-84页】同时，尽量引用第一手资料，且在引用时注明文献来源。

（三）文献综述往往存在问题

1. 搜而不全：文献太少，也无典型性。一是文献类型的不全：期刊、学位论文、专著、报纸；二是关键词单一导致的不全。要兼顾中英文文献，兼顾著作和论文，兼顾理论文献和实证研究，兼顾经典文献和最新文献。

2. 述而不综：按时间罗列报幕式，不能区分重要和非重要文献，不能说清前后文献的递进关系。没有进行系统分类、归纳、提炼。

3. 综而不分：能够选出典型重要代表性文献进行综合，但是是整体的综合，没有区分所有文献的大类关系或历史发展阶段

4. 分而不评：能够分大类或分阶段，但又不对每类或每个阶段进行分析评论。

因此，一个好的文献综述要做到：全面、综合、分类、评述相结合。

七、研究方法

方法部分通常包括三个部分：被试（参与者）、工具（材料、问卷、仪器）和程序。

1. 被试（参与者）

描述"被试"特性（例如，年龄、性别）、介绍抽样的方法、交代被试丢失的情况和原因。美国心理学会及很多期刊要求使用"参与者（participant）"代替"被试"，以尊重参与研究的人士，并彰显个人自愿参加实验的意思。

2. 有关研究工具的信息。包括研究材料的来源或挑选方式，尽量提供测验或测量工具的信度、效度。如果使用未公开发表的测量工具（例如，成就测验、态度量表、问卷、访谈提纲），应报告编制或修订的过程，还要尽量提供信度和效度的具体信息。如果测量工具篇幅不长，可放在附录中说明，这样可以增加文章被引用的次数，让更多的人使用这一工具。如果由于太长而无法发表，则应告诉读者怎样索取，如登录某网站或直接联系作者。研究材料若包括音节、单词、句子、故事、画片、影片等，除交代来源或挑选方式外，还要说明呈现方式（视觉还是听觉）。提供实验软件或统计软件的版本研究如果借助计算机软件进行实验编程或数据分析，需报告版本信息。例如，研容采用 SPSS 24 及 AMOS 21 进行的统计分析。

3. 研究时的具体程序步骤。

一般不提供参与者所在大学、机构或公司的具体名称，只需描述背景特

性，不应提供一些足以暴露参与者的资料。交代实验的严谨设计：实验设计是研究的核心蓝图，决定后续统计方法的选择，以及所得结论的效度，是研究成败的关键。实验室或现场实验一般都有实验设计，采用问卷或量表调查类的研究，则一般不写"研究设计"。

八、研究结果

呈现研究结果就是对数据进行统计分析，用文字、数字、插图、表格的形式把结果报告出来。除了极小样本的研究外，我们无法也无须报告研究内每个参与者的原始数据，一般来说，只要报告描述性数据（如平均数和标准差）就可以了。若有必要，可考虑摘录部分原始资料（如访谈中的重要对话），放于附录。

论文中的研究结果应该是经整理、综合、易于理解及分析的，原则是让读者了解研究者的发现，即研究结果或数据是否支持研究的假设。在报告我们所进行的分析及结果时，应用词准确、表达清晰，并尽量包含足够的资料和信息。撰写研究结果时常用经验：

1. 研究结果呈现一般先描述统计，再推断统计，先文字描述，再报告统计量。进行文字描述时，要以学术语言结合日常语言进行描述，再配以统计语言进行描述，如果单纯以统计语言进行描述，则读者还要在统计语言的基础上二次解读成可以理解的含义。

2. 按重要性和主次排序。在不影响多个结果之间逻辑关系的前提下，应该先报告最精彩的结果，尽量讲出一个动听且富有吸引力的故事。

3. 用小标题使"结果"层次分明。如果结果较多，应用小标题把各种结果有系统地按层次分开呈现；如果结果较短，就不必列小标题。如果结果和讨论都较少，是一篇简短报告，可以考虑把"结果"和"讨论"合并在一起。

4. 避免在"结果"部分与讨论部分混在一起。在"结果"部分，我们只说明特定的参与者在特定的实验条件下所得出的特定的研究结果，对这些结果的解释或推论应放在"讨论"中进行。虽然我们应避免在"结果"部分去阐释结果，但仍可用简单语句，将前人的研究结果与当前的研究结果进行对照，令读者在"结果"部分就知道该结果与前人的研究结果是否一致。例如，在"结果"部分，我们可以写：与过往大部分文献结果相符，女生的语文成绩（M＝4.63，SD＝0.74）比男生……不过，与过往文献结果不同，在"信息技术"一科中，男生……

5. 文章包含多个子研究可以用"研究一""研究二"等做标题。很多心理学的文章都是由几个在逻辑上联系紧密的子研究构成，每个子研究内有其独立的方法、结果与讨论部分，很多时候，因每一个子研究的讨论都较为简短，我们可以将同一子研究的"结果"与"讨论"合并。在文章的开始部分，我们应详细解释各子研究之间的关系，并且在文章的结尾将多个子研究的结果综合起来，再做详细的分析、讨论和总结。

九、讨论及结论

讨论及结论部分的重点包括评价研究结果（例如，与前人结果的异同，是否验证了研究假设）、解释研究结果的意义、从理论上对有关结果进行讨论、探讨所得结论的有效性，以及从结果进行推论（例如，应用结果，进一步的研究），体现了研究者的思维逻辑。撰写时常用的经验：

1. 一般按照结果、讨论、结论的顺序进行写作。如果三者都比较长，可以独立写作，如果三者比较短，可以两两合并，甚至三者合并。

2. 结果、讨论和结论三部分一般不重复。"结果"部分已经用统计分析说明研究假设是否得到验证，在"讨论"部分就没有必要再重复细节，只需要把重点强调即可。

3. 讨论部分主要用于对研究结果进行评论，并解释结果的意义和对结果进一步推论。在"讨论"部分不宜再引用过多的文献综述。

4. 呼应前文。在"讨论"中，应与前文提出的研究假设或研究问题相呼应，说明研究所得到的结果是否支持前文所述的研究假设，解释研究结论是如何被验证的，并说明研究使用的方法和所得结果是否足以验证研究假设。同时，在"讨论"中，还需要指出本研究结果与前人研究结果相比一致及不一致的地方，并做出解释。

5. 研究局限是"讨论"的重要部分，局限包括研究设计、方法、取样、被试的性质、刺激的类型、情境设置、统计方法等方面的局限。在"讨论"中，我们可以根据别人的理论或自己提出的理论，对结果进行解释。除此之外，还要考虑是否还有其他理论亦能做出合理的解释。

6. "讨论"还包括对未来研究方向的展望，不要泛泛而谈，应越具体越好。因此，未来研究展望中不要写适用于所有研究的建议，如"扩大样本量""扩大参与者的选择范围""综合运用多种方法""考虑纳入（以前研究没有的）变量"等。

7. 总结研究的贡献。虽然作者认为自己的论文有创新，但不能单靠自己的评价，还需要向其他人说明及推介自己的研究确实有创新，让别人接受自己的观点，证明研究的有效性和研究的价值所在。

8. 结论要简单、有概括性。研究结果和研究结论是不同的。结果比较具体，包括一些统计数据；结论是从结果中推论出来的，要有一定的概括性。例如，研究结果是小班、中班、大班幼儿的注意力保持时长是多少，发展曲线如何；结论则是小学生的注意力保持时长随年龄上升而增长。

第三节　引注的规范

一、为什么做引注

引注建立在三个关键的原则基础之上。引注的目的是促进知识的传播和发展。知识的传播和发展依赖于人类的努力和沟通；而引注就是实现这一沟通过程的重要因素。随着学生接受高等教育程度的不断加深，他们对思想、理论及其在模型和实践中的应用应该更具批判意识。这种批判方法包括对文献的筛选、对观点的陈述，以及对文献来源的认知；而引用文献就是批判性获取知识的现实方式。引用文献的标准化做法有利于促进这一沟通过程。文献引用应该用统一的标准方式进行注释，这样，所有学过引注的人都能理解引注的符号和格式的意义。这三个基本原则进一步演绎出六大具体的原因：

1. 有利于追溯一个思想观点的源头；

2. 帮助形成知识网络；

3. 在论文中支持强化你自己的观点；

4. 使论据更具效力；

5. 促进知识的传播；

6. 认可他人的智力成果。

从论文写作者的角度来说，引注的原因有三：

1. 参考文献反映了你的阅读，以及哪些文献对你的论文产生了影响；

2. 引注的准确性是衡量一篇论文质量高低的重要标准；

3. 准确地引用文献可以帮助你避免被指抄袭的风险。

二、什么情况下需要引注

论文中的核心定义、主要描述．重要引文，关键问题、论点和证据都要尽可能使用第一手文献。次级定义，事实表述，举例论证、支持证据等内容可以用第二手文献。

在下列情况下，你应该做引注：

1. 告知读者你的论文中出现的表格、图表、数据、图片和其他资料的信息出处；

2. 当描述或讨论某个作者的理论模型、实践或案例的时候或当你用别人的观点来证明你论文中的案例的时候；

3. 用文献来支持和加强你的论证的正确性和重要性；

4. 当你要强调某个在评论界受到一定程度认可和支持的理论、模型或实践的时候；

5. 告知读者论文中的引文或定义的第一出处；

6. 当转述某个你认为非常重要，或者有可能成为辩论焦点的作者的论文时，而且这时转述内容是超出常识的范围的。

然而，在下列四种情况下，我们是不必做引注：

1. 呈现历史观点时；

2. 描述自己的亲身经历时；

3. 在结论部分重复之前已提到过的思想时；

4. 概述公认的"常识性"内容时。

对于常识，如何界定？常识可以划分为两个基本部分：公共领域的常识、某个专业领域的常识。在公共领域，常识是人们可以随便分享谈论的一些一般的、无争议的、公开的、无版权限制的事实，这种事实信息一般不会引起重大争议。其中，包括参考书和百科全书中无争议的事实信息。但要注意事实和观点是两个不同的概念：例如：《登高》是唐代著名诗人杜甫的一首七言绝句——这是事实；《登高》是唐代著名诗人杜甫的一首七言绝句，是中国古代文学史七言绝句的巅峰之作。——这是观点。

常识还包括对公共领域的民间传说和传统风俗的概述，但是引用他人对这此常识的评价是需要做文献引注的。

常识还涵盖了常识性的观察所得和谚语格言，比如，寒冷的冬天会让人心情沉重。但是如果你对于这条谚语给出了具体了文献证据时，你就要做文献引注。昆士兰大学（2006）列举了六种不必做引注的常识的例子：

1. 1969 年 6 月，内尔·阿姆斯特朗登上了月球。（历史常识）
2. 亚历山大·弗雷明发现了青霉素。（历史常识）
3. 光合作用的定义。（学科常识）
4. 人类需要食物和水来生存。（常识观察）
5. 德库拉伯爵生活在特拉西瓦尼亚。（民间传说）
6. "生活本不轻松"。（谚语）

三、文献选择的标准

文献选择的四个标准：相关性和偏见；时效性；权威性；广泛性。

（一）相关性和偏见表现在

1. 文献与你的论文相关性如何，对你的论文是否适用？
2. 文献透露的观点是否片面？
3. 文献语言是否客观合理？
4. 论文对待相反观点的文献是否表现出认真关注？如果没有，为什么？

（二）时效性表现在

1. 文献的出版日期是什么时候？文献中的观点、实践和设想等还合理吗？你需要想一想，文献中的观点是否是某个特殊历史时期和地区的产物，在当今社会是否站得住脚？

2. 作者在首次出版了文献之后是否更改过自己的观点？如果有，什么时候，为什么，怎么改的？

（三）权威性表现在

1. 文献是否具有足够的权威性？比如，文献是否可信，是否来自著名的出版刊物或行业学刊？其他作者有没有引用过或讨论过这份文献？

2. 你认为这份文献是否可信？你可以本着谨慎的态度对文献进行批判性的选择。

（四）广泛性表现在

文献中的观点、模型或实践是否具有普遍性？是否具有地区局限性或应用局限性？文献中的观点是否能够覆盖不同的文化？或只能适用于某种特殊文化？

四、如何避免抄袭

一是间接引用。尝试总结或转述概况别人的理论或观点；二是直接引用。直用引号（或把引文进行缩进编排），把论文中的引用文字和自己的文字区分开来。上面两种情况都务必要正确地引用文献，整理参考文献目录与此同时，也要做好文献引注，在参考文献目录中呈现出完整的书目信息。如果作者 A 在自己的文章中提到了作者 B 观点，我想引用 B 作者的观点，该怎么做？这就是所谓的"第二手文献"。遇到这种情况，你有两种选择。你可以自己查找并阅读第二手文献中提到的第一手文献并核实其概括是否准确，引用 B 的文章。你也可以在查阅之后直接引用该作者 A。在寻找第一手文献非常困难；或者你认为第二手文献的作者对原创者的概括总结足够准确可信；或者你不需要深入分析原创者的观点。那可以直接引用作者 A 的观点。

五、引注的格式

国际期刊以及国内部分教育技术类和偏心理研究类论文一般遵循 APA 格式（American Psychological Association），APA 是一个被国际上广泛接受的社会科学研究论文撰写格式，其详细规定了学术文献的引用和参考文献的撰写方法，以及表格、图表、注脚和附录的编排方式。大部分国内教育类期刊论文一般遵循中华人民共和国国家标准《信息与文献 参考文献著录规则》标准号：GB/T 7714-2015，下面以国家标准 2015 版为例讲述文后参考文献的规范使用。

（一）参考文献类型及含义

文献类型	代表符号	代表含义	文献类型	代表符号	代表含义
专著	M	Monograph	联机网络	OL	On line
论文集	C	Collected papers	电子公告	EB	electronic bulletin
报纸文章	N	Newspaper	数据库	DB	Database
期刊文章	J	Journal	计算机程序	CP	Computer program
学位论文	D	Dissertation	磁带	MT	magnetic tape
报告	R	Report	磁盘	DK	Disk
标准	S	Standard	光盘	CD	CD-ROM
专利	P	Patent			

（二）各种著录格式

1. 普通图书

著录格式：［序号］主要责任者．题名：其他题名信息［M］．其他责任者．版本项．出版地：出版者，出版年：引文页码．

示　　例：［1］罗杰斯．西方文明史：问题与源头［M］．潘惠霞，魏靖，杨艳，等，译．大连：东北财经大学出版社，2011：15-16.

2. 论文集、会议录

著录格式：［序号］主要责任者．题名：其他题名信息［C］．出版地：出版者，出版年．

示　　例：［1］雷光春．综合湿地管理：综合湿地管理国际研讨会论文集［C］．北京：海洋出版社，2012.

3. 报告

著录格式：［序号］主要责任者．题名：其他题名信息［R］．出版地：出版者，出版年．

示　　例：［1］孔宪京，邹德高，徐斌，等．台山核电厂海水库护岸抗震分析与安全性评价研究报告［R］．大连：大连理工大学工程抗震研究所，2009.

4. 学位论文

著录格式：［序号］主要责任者．题名［D］．大学所在城市：大学名称，出版年．

示　　例：［1］马欢．人类活动影响下海河流域典型区水循环变化分析［D］．北京：北京大学，2011.

5. 专利文献

著录格式：［序号］专利申请者或所有者．专利题名：专利号［P］．公告日期或公开日期．

示　　例：［1］张凯军．轨道火车及高速轨道火车紧急安全制动辅助装置：201220158825［P］．2012-04-05.

6. 标准文献

著录格式：［序号］主要责任者．标准名称：标准号［S］，出版地：出版者，出版年：引文页码．

示　　例：［1］全国信息与文献标准化技术委员会．文献著录：第4部分非书资料：GB/T3792.4—2009［S］．北京：中国标准出版社，2010：3.

7. 期刊文献

著录格式：　［序号］主要责任者．题名：其他题名信息Ｐ］·期刊名，年，卷（期）：页码．

示　　例：［1］袁训来，陈哲，肖书海，等．蓝田生物群：一个认识多细胞生物起源和早期演化的新窗口Ｐ］．科学通报，2012，55（34）：3219.

8. 报纸文献

著录格式：　［序号］主要责任者．题名：其他题名信息［N］．报纸名，出版日期（版面数）·

示　　例：Ｐ］丁文祥．数字革命与竞争国际化［N］．中国青年报，2000-11-20（15）.

9. 专著中的析出文献

著录格式：［序号］析出文献主要责任者．析出文献题名［文献类型标识］．析出文献其他责任者//专著主要责任者．专著题名：其他题名信息．版本项．出版地：出版者，出版年：析出文献的页码．

示　　例：［1］程根伟．1998年长江洪水的成因与减灾对策［M］//许厚泽，赵其国．长江流域洪涝灾害与科技对策．北京：科学出版社，1999：32-36.

10. 电子资源（不包括电子专著、电子连续出版物、电子学位论文、电

子专利）

著录格式：［序号］主要责任者．题名：其他题名信息［文献类型标识／文献载体标识］．出版地：出版者，出版年：引文页码更新或修改日期［引用日期］．获取和访问路径．数字对象唯一标识符．

示　　例：［1］萧牧．出版业信息化迈入快车道［EB/OL］．2001-12-19［2002-04-15］．http：//www. creader. com/news. 20011219/ 200112190019. html.

补充说明：

（1）以上各种类型的文献，如果是英文版本，其著录格式与中文相同，各项要素和次序与中文一一对应即可。

（2）以上第1-9种类型的文献，如果是从网上获取的，则还要加上"［引用日期］．获取和访问路径．数字对象唯一标识符．"

参考文献

［1］吴振东．学前教育科研方法［M］．北京：教育科学出版社，2012.8.

［2］朱德全，宋乃庆，杨鸿，张家琼．教育统计与测评技术（第5版）［M］．重庆：西南师范大学出版社，2013.3.

［3］柯林·内维尔．学术引注规范指南（第2版）［M］．上海：上海教育出版社，2013.5.

［4］袁振国．教育研究方法［M］．北京：高等教育出版社，2007.7.

［5］裴娣娜．教育研究方法导论［M］．合肥：安徽教育出版社，1995.8.

［6］朱德全，李娜泽．教育研究方法［M］．重庆：西南师范大学出版社，2011.9.

［7］赵世明，王君著．问卷编制指导［M］．北京：教育科学出版社，2006.10.

［8］吴明隆著．问卷统计分析实务SPSS操作与应用［M］．重庆：重庆大学出版社，2010.5.

［9］王坚红著．学前儿童发展与教育科学研究方法［M］．北京：人民教育出版社，1991.10.

［10］武松.SPSS实战与统计思维［M］．北京：清华大学出版社，2019.

［11］王彩凤，庄建东．学前教育研究方法［M］．北京：北京师范大学出版社，2011.9.

［12］邱皓政著．量化研究与统计分析：SPSS数据分析范例解析（第5版）［M］．重庆：重庆大学出版社，2013.6.

［13］张黎著．教育统计的世界：统计原理与SPSS应用［M］．北京：新华出版社，2016.8.

［14］肖东发，李武编著．学位论文写作与学术规范北京［M］．北京：

北京大学出版社，2009.4.

[15] 席仲恩，沈茳，顺利完成硕博论文 ［M］.王蓉译，重庆：重庆大学出版社，2014.4.

[16] （美）利特维（Litwin, M.）著，问卷调查心理测验学 ［M］.周佳，高鹏译.北京：中国劳动社会保障出版社，2004.2.

[17] 侯杰泰，邱炳武，常建芳著.心理与教育论文写作：方法、规则与实践技巧（第2版）［M］.北京：中国人民大学出版社，2019.3.

[18] （美）迪米特洛夫（Dimitrov, D. M.）著.心理与教育中高级研究方法与数据分析：从研究设计到 SPSS ［M］.王爱民等译.北京：中国轻工业出版社，2015.7.

[19] 吴建明著.学位论文的研究与撰写 ［M］.北京：清华大学出版社，2014.

[20] 吴子牛，白晨媛编著.学位论文写作 ［M］.北京：北京航空航天大学出版社，2019.11.

[21] 周文辉，赵军主编.专业学位论文写作指南 ［M］.北京：中国科学技术出版社，2019.2.

[22] 王彩风，庄建东主编.学前教育研究方法 ［M］.北京：北京师范大学出版社，2011.9.

[23] 孙杰远.教育研究方法 ［M］.北京：高等教育出版社，2016.8.

[24] （英）内维尔（Neille. C.）著.学术引注规范指南 ［M］.张瑜译，上海：上海教育出版社，2013.5.

[25] 金志成，何艳茹.心理实验设计及其数据处理（第2版）［M］.广东：广东高等教育出版社，2005.8.

[26] 李晓巍.幼儿行为观察与案例 ［M］.上海：华东师范大学出版社，2017.7.